LA PLACE

TWENTIETH CENTURY FRENCH TEXTS

Founder Editor: W.J. STRACHAN, M.A. (1959–78)
General Editor: J.E. FLOWER

ADAMOV/ARRABAL: *Le Professeur Taranne/Piquenique en campagne* ed. Peter Norris
ANOUILH: *L'Alouette* ed. Merlin Thomas and Simon Lee
ANOUILH: *Le Voyageur sans bagage* ed. Leighton Hodson
BAZIN: *Vipère au poing* ed. W.J. Strachan
BEAUVOIR: *Une Mort très douce* ed. Ray Davison
CAMUS: *Caligula* ed. P.M.W. Thody
CAMUS: *La Chute* ed. B.G. Garnham
CAMUS: *L'Étranger* ed. Germaine Brée and Carlos Lynes
CAMUS: *La Peste* ed. W.J. Strachan
DUHAMEL: *Souvenirs de la Grande Guerre* ed. A.C.V. Evans
DURAS: *Moderato cantabile* ed. W.J. Strachan
DURAS: *Le Square* ed. W.J. Strachan
ERNAUX: *La Place* ed. P. M. Wetherill
ETCHERELLI: *Élise ou la vraie vie* ed. John Roach
GENET: *Le Balcon* ed. David H. Walker
GIDE: *Les Faux-Monnayeurs* ed. John Davies
GIRAUDOUX: *Electre* ed. Merlin Thomas and Simon Lee
GISCARD D'ESTAING: *Démocratie française* ed. Alan Clark
LAINÉ: *La Dentellière* ed. M.J. Tilby
MAURIAC: *Destins* ed. Colin Thornton-Smith
OUSMANE: *Ô Pays, mon beau peuple!* ed. P. Corcoran
ROBBE-GRILLET: *La Jalousie* ed. B.G. Garnham
ROBBE-GRILLET: *Le Rendez-vous* ed. David H. Walker
SARTRE: *Huis clos* ed. Keith Gore
SARTRE: *Les Jeux sont faits* ed. M.R. Storer
SARTRE: *Les Mains Sales* ed. W.D. Redfern
SARTRE: *Les Mots* ed. David Nott
TROYAT: *Grandeur nature* ed. Nicholas Hewitt
VAILLAND: *Un Jeune Homme seul* ed. J.E. Flower and C.H.R. Niven

CONLON (ed.): *Anthologie de Contes et Nouvelles modernes*
HIGGINS (ed.): *An Anthology of Second World War French Poetry*
KING (ed.): *Albert Camus:* Selected Political Writings
MORTELIER (ed.): *Anthologie Prévert*
SCOTT (ed.): *Anthologie Éluard*

TWENTIETH CENTURY TEXTS

Annie Ernaux

LA PLACE

Edited by
P.M. Wetherill

Routledge
Taylor & Francis Group

LONDON AND NEW YORK

First published in this edition in 1987 by
Methuen & Co. Ltd
Reprinted 1990, 1991, 1993, 1996, 1999 by Routledge
2 Park Square, Milton Park, Abingdon, Oxon, OX14 4RN

Transferred to Digital Printing 2005

Routledge is an imprint of the Taylor & Francis Group

British Library Cataloguing in Publication Data
Ernaux, Annie
La place.——(Twentieth century texts).
I. Title
843'.914   PQ2665.R67
ISBN 0-415-05926-7

CONTENTS

ACKNOWLEDGEMENTS

I am very grateful to Peter Thompson and to Sarah Capitanio for their help both at manuscript and proof stages: they suggested how I might best slant my Introduction and Notes for my intended audience; they also provided me with a great deal of invaluable detail.

My wife, as always, has been a constant source of advice and encouragement. Many mistakes would have crept in without her meticulous reading of manuscript and proofs.

Special thanks must go to Annie Ernaux. Her patient answers to my questions have allowed me to include material not otherwise available. It is encouraging to know that my Introduction has her approval. Some details, relating especially to the handling of the word and theme of place, come from a school project done by the Lycée Technique at Vitry-sur-Seine. I should like to express here my thanks and gratitude to them.

The editor and publishers are grateful to Éditions Gallimard for permission to reproduce the text in this edition.

They would also like to thank Richard Hoggart and Chatto & Windus, The Hogarth Press for permission to reproduce extracts from *The Uses of Literacy* by Richard Hoggart.

THE AUTHOR

Annie Ernaux was born in 1940 at Lillebonne, near the mouth of the Seine. Her early years were spent in the Lillebonne, Lisieux, Yvetot area, where her parents had a 'café-épicerie'. After leaving school, she took a *Lettres modernes* degree and then the *agrégation*. She became a schoolteacher in the outskirts of Paris. She now teaches French literature at university level on a *télé-enseignement* course.

Further information about her life is given in the part of the Introduction devoted to the writing of *La Place*, p. 30.

INTRODUCTION

La Place is a concentrated text which raises a wide variety of problems in a book of barely 50 pages.

The narrator looks at a daughter's relationship with her father. In a fragmented text which owes much to the workings of memory, she describes the sense of separation and betrayal which arises when education and marriage place her in a social class which has different values, language, tastes and behaviour. She explores historically the ways in which individual experience is related to class and group attitudes.

The book has multiple values. It is cut through with irony and may be read in a variety of ways. It tells of an individual case and the difficulties involved in the telling, but it is not restricted to one person's experience. It tells us a great deal about French society in general since the turn of the century. But it is not only about French society: there are many familiar echoes which show that it relates to all western societies.

In addition, *La Place* looks at the problems of writing about such experiences: the kinds of language which are appropriate and which are not, and the effect of ordering material in different ways.

The *manner* in which Annie Ernaux worked out the meaning of her book is especially interesting. If one follows the different stages of its composition, one realizes how useless are such terms as 'inspiration' and 'genius'. All art is hard work and calculation. Composition involves the conscious attempt to *organize* thinking about attitudes and events into a coherent whole. Whilst fiction may contain autobiographical material, this soon ceases to be relevant. A book's meaning comes from the way in which lived experience may be distorted, reworked and combined with impersonal and purely invented elements.

THE WIDER SOCIAL CONTEXT

La Place covers the period from about 1890 to 1970: a time of enormous change all over the western world. Very different social structures were evolving for a variety of interlocking reasons: the accelerated drift from the land to the cities and the rapid dwindling of the servant class; compulsory education and a rising school-leaving age which improved the level of literacy, increasing class mobility and opportunities for self-advancement; universal suffrage combined with the rising influence of the trade unions producing new forms of political power; a decline in religious faith; mechanization, new means of transport and the accelerated growth of technology created a whole new dimension of existence: physical mobility matched social mobility.

These social changes were paralleled by equally massive political events: the 1914–18 war decimated a whole generation and destroyed many traditional values; the Russian Revolution (1917) was for at least twenty years to inspire all those who wished for a radical change to much greater social equality; the Front Populaire of 1936 brought a right to *congés payés* (a fortnight's annual holiday with pay) and many other advantages; the Second World War further undermined values, behaviour and class structures.

Such details need to be looked into in greater depth and detail if *La Place* is to be properly appreciated.[2] Annie Ernaux's book makes frequent allusions which French readers will instinctively understand from their own personal background, but which we cannot – for example, 1936, the German invasion in 1940 and the reconstruction of France in 1945.

La Place offers a view of events which is not so much abstract social history as the *lived experience* of that history. It is limited to one particular part of France, Normandy, not far from the Channel coast, and to one particular class. More precisely still, it is social history based on the family – and especially on the relationship between daughter and father.[3]

The narrator of *La Place* concentrates on an account of her father's life, but emphasizes its typicality. As a result, she mentions many major social changes in France since the turn of the century and the progressive social diversification they have led to (p. 63).

So a basic theme of the novel is that of the general and the particular: general social history as seen through the father's experience. Thus the industrial activity mentioned is necessarily typical – filatures and petrol refineries (p. 66 and 68) – as are political attitudes: her father votes for Poujade, as did many non-communist artisans in the early 1960s.

However, the narrator is anxious to achieve representativity without loss of personality. This raises a stylistic problem which becomes one of the book's themes: how detail and overall impression may be given equal emphasis. The narrator, attempting to recreate her father and his world, speaks of the conflict between 'l'épure [qui] tend à prendre toute la place' (p. 69) emphasizing his whole class and culture, and the 'piège de l'individuel' (p. 69) which over-isolates him. At the same time, 'tous les signes d'une condition partagée avec d'autres me deviennent indifférents.' Similarly, once she has left her parents she becomes aware how unreally schematic they have become; she uses the same word, 'épuré' to characterize it (p. 95) – as if the alternatives could never really combine.

The world described is to say the least complex. It is full of *décalages* and tensions. Many things are out of phase. For example, antiquated and highly sophisticated, 'modern'

behaviour exist side by side. Thus the father is contempor-
aneous with Proust and Mauriac, although 'son cadre à lui
c'est le Moyen Âge' (p. 60).

SOCIAL THEMES

Over and above such complexities, the descriptions of social
conditions strongly emphasize the time to which they belong,
and therefore the fact that the parents' living conditions are
different from those of their children.

A central theme of *La Place* is that of constant social
change. If its most dramatic aspect is the one which leads the
narrator to 'betray' her family, the process concerns every
episode in the book. The father's experience is equally one
of social change, influenced by widely varying phenomena:
industrialization, the cinema, yoyos, wine and slang
(p. 63).

Change for the narrator's father and people like him was
essentially material and economic: 'On avait tout *ce qu'il
faut*' (p. 74 *et seq.*). The post-war development of Y . . .
(p. 71) is described as something which directly affects their
well-being.

Social change is constant. Modernity itself evolves all the
time. The final scene, with its indifference and forgetfulness
on the narrator's part, points to new social relationships,
new kinds of work and prospects and even new forms of
failure. The narrator's attitude to the dead-end, mechanical
job of a former pupil she no longer remembers indicates that
she cannot really sympathize with the changes which are
affecting people younger than herself. Many details of the
narrator's adolescence show her to be old-fashioned in relation to a teenager in the mid-1980s. People are always very
different from their parents. Their sense of social change is
different too as is symbolized by their attitude to the past.
Betrayal concerns relationships between all generations. The
way the narrator's parents redecorate their house, hiding it
under layers of formica, destroying its traditional Norman

appearance, demonstrates that social progression for them may be equated with destroying the past (p. 75).

For the daughter, social change is quite different. It is linked to the cult of the past: classical music, great writers, historical monuments and tradition.[4] Later, she decorates her house with hessian wall covering and antique furniture (pp. 95–6) in a way which shows how much change of class has become for her a change in culture. It is linked with the desire actually to *revive* the past. The material disappearance of the parents' house finalizes the cultural break and the idea of change (p. 102). This all points to a second aspect of social change: it creates new social groups and splits up old ones.

La Place shows how social groups slowly become more diversified at Y . . . and how this creates gaps between people. In the context of the family, this may even be expressed spatially: groups break up because of increased physical mobility. There are also many divisions within classes. Hence: 'L'épouse d'un entrepreneur voisin a été refoulée', etc. (p. 55). The narrator lives in increasing geographical separation from her parents and their milieu: she goes to boarding school (not as rare or middle-class in France as in England: many teacher-training colleges are boarding schools; but the daughter's departure to one of these is nevertheless a break and a new thing for her parents), she spends some time in London, and finally settles in a very different part of France.

The process is not a passive or a neutral one. As Richard Hoggart has shown in *The Uses of Literacy* (see Bibliography; Annie Ernaux has said that this work greatly impressed her), intense emotions are involved. One of the novel's themes is the idea of revolt and betrayal. At an early point in the book, we hear of one of the father's sisters who runs away from home (p. 61) and of the hostility felt by country people towards those who move to the town and work in factories (p. 64).[5]

IDENTITY AND CLASS

In exploring the theme of change, *La Place* continually returns to notions of what is supposedly up to date and what is not. It situates people by reference to the material ways in which their surroundings evolve. Common objects serve as markers of time and place: makes of car, pop stars, clothes, the use of aftershave, corner shops and supermarkets.

As people move in relation to society, and society to people, their relationship with their own basic personality is strained and distorted. The daughter's breaking with her roots makes her realize that she can no longer say 'nous' about her experience and that of her parents (p. 77). She has rejected these things: 'J'émigre doucement vers le monde petit-bourgeois'. As a result she becomes alienated from herself: 'C'est le temps où tout ce qui me touche de près m'est étranger' (p. 86).

In a striking way, her father abdicates his personality for that of his daughter (p. 83): he invests his own arrested ambitions in her. But even this ambition is distorted and divided for he feels 'la peur OU PEUT-ÊTRE LE DÉSIR' that she might fail (p. 86). Self-improvement is both a goal and a threat.

More simply, the parents' own modest success illustrates the breakdown of family structures: they are 'obligés d'être en froid avec les frères et soeurs' (p. 66); 'dans leur dos, ils étaient traités de riches, l'injure' (p. 68).

Enough has been said so far to show that the author was anxious to give her work a very special bias. One of the book's original tentative titles was: 'Eléments pour une ethnologie familiale'.[6] The documentary intention is clear. In addition, Annie Ernaux is quite adamant that she finally wrote something that was not a novel, but rather a fictionalized study of family relations based on her own experience and centred on the way she reacted to the death of her father.

It is especially her father's illness and death which transform her. These events together with her success at the highly competitive Capes exam make her aware of what is happening to her, her sense of loss both as an individual and a member of a class: '«maintenant, je suis vraiment une bourgeoise»' (p. 57); '«je suis donc bien grande que je fais cela»' (p. 101).

Here is the motivation to write the book.

CLASS DOMINANCE

La Place is, however, not merely about class *change*. It is also about traditions and permanence. The middle class maintains its dominance throughout the book. This is clear from the uncompromising self-confidence of the daughter's middle-class friends and of her fiancé's family. They make no concessions when they have a stranger in their midst.

Class dominance breeds arrogance. It is suggested that the middle classes lack both sincerity and concern for others (p. 83), very different from the efforts the father makes when the narrator brings friends home (p. 93).

Through the father, working-class vulnerability and isolation in the face of real or supposed bourgeois values are underlined. The parents seem to have no contact with their son-in-law (appropriately tanned, a mark of his *physical* difference from them (p. 55)) – and indeed we are given no idea of his character which might lead to some exchange, some communication.

Above all, we know what he is not. He and the group to which he belongs (and to which the daughter aspires (see pp. 82–3)) could not possess the father's aesthetic values as set out on p. 79: values which are expressed not through museums and classical literature, but through inarticulate, instinctive reactions and visually through objects like gardens – hence the insistence of terms like 'il aimait', 'il admirait', 'émotion'.

THEMES AND STRUCTURE

It is through education and marriage that the narrator finds her way into the dominant classes. One might say that such a marriage as hers is possible only if one has the right kind of education.

So the book's opening scene is very important. It gives precise meaning to the mentalities at play. The narrator's teaching certificate does not merely offer her the possibility of a better job. It signifies a major and permanent change in her social status. It also brings to a head the whole nature of her relationship with her parents which has been so difficult since her school-days.

The death of her father, which takes place shortly after, develops the book's main opening theme. It is not merely a biographical fact. It combines meaningfully with the Capes episode to raise a basic problem: how do children whose education and career lift them out of the class and the mentality into which they were born come to terms with their social and family origins? How may they communicate with the group to which they used to belong?

Children whose lives follow this path often feel that in some sense they have betrayed their origins, that they do not belong anywhere. This is the emotion felt by the narrator. The solution for her was to write about the experience. The quotation from Genet, at the beginning, shows that this attempt at contact with her past is also a sign of betrayal. It shows that direct contact is no longer possible. Writing is the last resort when all other forms of contact have failed.

From the moment, seven years before publication, when she started working on her text (the stages through which the novel went before it was completed are examined on p. 30 *et seq.*), Annie Ernaux knew the central subject which allowed her to explore social change and class betrayal. This subject was to be the relationship between father and daughter, the gap between them, brought to a head by the father's death.

The theme of betrayal does not affect the narrator alone. Her experience highlights a wider experience, for *all* characters in *La Place* belong to 'une société confusément honteuse de ses origines';[7] 'personne à Y . . ., dans les classes moyennes, commerçants du centre, employés de bureau, ne veut avoir l'air de «sortir de sa campagne» ' (p. 81).

So the idea of betrayal is always present. The danger is perhaps that it may take on too moral a tone – that people may be *condemned* for moving out of their class – although this is perfectly natural in twentieth-century society. *La Place* suggests that condemnation could be a mistake. Characters (especially the narrator) are faced with a moral dilemma. They feel that they have betrayed. But it is this dilemma rather than any outright guilt that the text sets out to explore.

The theme of judgement and its dangers is necessarily allied to that of betrayal. The most likely reader of *La Place* is a middle-class one.[8] She or he has lived in a stable environment – the one whose values dominate the whole of society and which others strive to adopt. He or she may have had no direct experience of the instability described in *La Place*, and is in no position to pass judgement. The whole tone of *La Place* refuses judgement. The reader may only become aware of the problem and attempt to understand it.

A FICTIONAL DOCUMENT

However great our sociological interest in *La Place*, however 'true' (or otherwise) the work may seem to be, it would nevertheless be wrong to try to read it as a traditional sociological study. Whether it is specifically a novel or not, *we must approach it as a work of fiction.* We have to examine the ways in which its fictional techniques (language, subject matter, ordering of material and characterization) are used to explore and emphasize the work's main themes.[9]

The order in which events are recounted is used to clarify and qualify earlier or later events. Points are made mainly through the way in which they *disrupt* chronological order. Indeed this disruption is a useful pointer for the reader to the relative importance of episodes and events. So when we read *La Place*, we need to compare the chronological order of events and their order in the text. We need to pay attention to the position of episodes. This helps us to identify the key scenes around which the text is built.

Thus the opening pages (like those of any novel) are important. They do not just 'set the scene': they define the themes, the experience and values which are going to be central to the whole of the text. They tell us how to read what is to follow.

At the beginning, the narrator sets side by side two events which are detached from the book's chronological order: a professional examination and her father's death. Although they seem very dissimilar, they are very close to each other in the book. The strong implication is that they are in fact comparable, that they are closely related thematically: they converge to stimulate the narrator into writing about her experience. This is further stressed by the language which describes the first event: 'Je n'ai pas cessé de penser à cette cérémonie jusqu'à l'arrêt de bus avec colère et une espèce de honte' (p. 51). This reaction is closely matched by the lines which describe the narrator's return home after her father's funeral: ' «il faudra que j'explique tout cela». Je voulais dire, écrire au sujet de mon père, sa vie, et cette distance venue à l'adolescence entre lui et moi. Une distance de classe, mais particulière, qui n'a pas de nom' (p. 57).

The final scene in a novel is equally important. It does not merely 'round off' the story, it tells us what has changed, it represents the final state of things and invites comparison with what has come before. In *La Place*, we are encouraged to compare the supermarket scene with the narrator's intention to write about her father, and what that implies. Its message is that there is no escape for the narrator or the society in which she lives – everyone is trapped in the same indifference. The girl at the cash-desk, forgotten by her former teacher, is one of those people who have not managed to break free from drab, mindless jobs and have no real contact with those, like the narrator, who have 'progressed'. The final scene reminds us ironically of the book's opening pages.

The book's overall structure follows the pattern not of a chronological sequence but of a search for meaning and understanding: the father's death, followed by the decision to write (pp. 52-7), is the novel's point of departure as a piece of writing. Detail radiates from this central event. The event itself encloses the novel: the account both of the narrator's career and her father's death is split between beginning and end.

In addition, the novel stresses the importance of isolated detail. The sequence of events is thus undermined. Blank spaces constantly separate the different elements and episodes. The whole construction of the book is based not on the linking up of things but on ellipses which isolate them in time and memory. This is in itself an ironical comment on the way in which the search for understanding and contact is a bitty affair which does not really succeed. Nothing ultimately falls into shape. The narrator's grasp of her past and of her father is ironically incomplete and impressionistic.

At the end of the novel, significantly, detail fragments and disintegrates more than ever before.

This approach indicates that details are not mere anecdotes. They become meaningful when they are linked to or contrasted with other similar details.

Thus the trip which father and daughter make to the library is not just an outing. It demonstrates by reference to a key problem in the book (language, literature and bourgeois culture) that it is impossible for them to get closer together. Their isolation from each other is stressed through the way the choice of books is *imposed upon them* by the librarian. It is a choice which 'type-casts' them: they never go back there – their interests do not merge, they conflict.

Similarly, the train journey is an event which takes a great deal of its significance from the implications of the opening pages. It is much more significant than a real journey would be. It has strong symbolical overtones: the psychological and cultural differences take on concrete expression through the physical distance over which the narrator has to travel from the very different part of France where she lives with her middle-class husband to return to her parents' home.[10] The

widening social gap which separates her from her family is
thus emphasized. Here, too, disruption of the original chronology points to the book's essential meaning.[11]

Other effects point in the same direction. Temporal indica-
tions are generally vague. Except for really important social
and historical markers (the First and Second World Wars,
the Front Populaire), we are often given simple references to
events without dates. The implication is that people's temporal 'mentality' generally works in this way.

On the other hand, the order in which things are put does
not destroy the very real sense of difference between one
period and another. Living conditions and activities in 1900
are characterized by examples ('bonne à tout faire' (p. 61,
etc.)) which could not really belong to a later period.

NARRATIVE FOCUS AND THE CLASH OF CULTURES

More than anything else, the emphasis is on the daughter's
experience and the tensions it brings. This is perhaps because
other characters are involved in a much slower process of
essentially material social change. When the narrator's parents move to the café, a break occurs which in no sense
separates them from their origins: in their language and general behaviour, their precarious position, even their snob-
bery, they owe a great deal to their past.[12]

The daughter, by her education and career, is shifted into a
quite different cultural[13] dimension. Her links with her
family and her class are broken.[14] She moves into a world
which is taken up with the value of language and expression,
culture in the narrow sense. Her sphere is worlds away from
that of her grandfather: 'Ce qui le rendait violent, surtout,
c'était de voir chez lui quelqu'un de la famille plongé dans
un livre ou un journal. Il n'avait pas eu le temps d'apprendre
à lire et à écrire. Compter, il savait' (p. 58).

For him as for his children social improvement will relate
to the acquisition of things: having enough to eat, being

warm, etc. (p. 66). Their real preoccupations find expression in terms like 'posséder' (p. 74) and the 'Sacralisation obligée des choses' (p. 75).

The narrator's experience of social change will be intellectual. The influences come not from her family but from outside: her school friends, her reading, her school, which pressure her into adopting new values and codes (p. 81). Material goods and money will be a minor problem in family relations (p. 80). It is ironical that her father's help for the young couple can only be financial (p. 94). The division comes from the fact that the narrator's father is not really able to appreciate material objects which possess a middle-class colouring (p. 95) except as a sign of his daughter's success. He has a very vague understanding of his daughter's career (p. 92), just as the narrator is not really able to understand the problems of later generations.[15]

La Place is basically not just about social change. It is about *new* attitudes and divisions which now exist in society. It is about misdirected efforts to make contact with others – whether we are dealing with the inappropriate way the father talks to his daughter's school friend, or the fact that, instead of trying to remain the same, the daughter wishes to make her parents change with her (p. 78).

One thing that is very noticeable is the neutral presentation of detail: the reader must interpret what she/he is told.

In the opening passage, the narrator is given a page of Balzac to comment on. This represents her final acquisition of bourgeois status: she is allowed to teach its message and communicate its values. But the situation is far from satisfactory: in what is merely an examination exercise, an archaic literary text is presented to the wrong kind of audience (a group of maths students). Although it is an implicit cultural gesture,[16] its sole overt meaning, absurdly, is to provide the narrator with a meal ticket for life.

The middle-class culture to which the narrator aspires would appear to be empty – more so perhaps than the culture she has abandoned. It has just as much to do with 'going through the motions' as with the firm expression and understanding of precise moral and aesthetic values.

Significantly, we are not told what the narrator says in her model-lesson. This fact is important because the use of language, and the problems it raises, are central to our understanding of the novel. *La Place* constantly returns to the way people speak and write, the books they read, their communication with each other.

It is no coincidence that the narrator searches for a form of expression which removes the gap between narrator and subject and which allows her to get through to her subject.

The meaning of *La Place*, its central dilemma, concerns the uncertain links between language and reality. In *La Place*, this works on two levels: that of the characters themselves and that of the narrator. They are closely linked. They may involve actual conflict, or at best lack of communication: the daughter tries aggressively to correct her parents' French, because it is different from what she hears at school (p. 78). She claims that their bad grammar is holding her back:

> «Comment voulez-vous que je ne me fasse pas reprendre, si vous parlez mal tout le temps!»

The father, for his part, has a very limited understanding of the culture which his daughter is acquiring (pp. 83–4). He sees that there is a linguistic problem. His attempt to associate with her education is inadequate for it takes the form of a dictation test – as if spelling were really important. Significantly, language is involved but its status and purpose are misunderstood. The daughter's choice of a subject of study lacking practicality further widens the gap.

As a result, the father pronounces the teachers' names in a way which has a strangely distancing effect. He cannot grasp the 'vie bizarre, irréelle' his daughter is beginning to lead (p. 92).

His standpoint results from the kind of conditioning which he was subjected to at school: quotations from *Le Tour de France par deux enfants* (p. 61) show the form this has taken with its slogans aimed at maintaining the status quo (i.e. keeping the poor in their place and satisfied with their lot) and its meaningless expressions: 'heureux', 'beau', 'richesses'.

His daughter's education is different. This is also brainwashing, but it has to do with a body of culture which confirms and affirms the values of a different class: the right books, the right, somewhat ironical, way of speaking, the sense simply of being right.

Implicitly what we learn about the father is always set against middle-class habits and language.

The language of the daughter's 'great' writers diverges noticeably from the language the father reads (*Paris-Normandie*), which is popular, journalistic, or again, dirty books (p. 85).

His world has a different kind of creativity. It builds its own myths: tales, especially about the Second World War, told at parties and get-togethers (pp. 70, 79). This is not bookish at all; but it is the oral tradition through which popular culture has always expressed itself.

Emphasis is placed on the different ways in which people and groups express themselves, and on how groups are different because of that. Language in *La Place* is always a question of comparison and contrast – not to say incompatibility. So the narrator's search for an appropriate style is crucial:

> je n'ai pas le droit d'abord de prendre le parti de l'art, ni de chercher à faire quelque chose de «passionnant» ou d'«émouvant». . . . Aucune poésie du souvenir. . . . L'écriture plate me vient naturellement, celle-là même que j'utilisais en écrivant autrefois à mes parents pour leur dire les nouvelles essentielles. (pp. 57–8)

The narrator rejects certain kinds of distortion and she searches for a flat style, directly appropriate to the language and behaviour of her subject. This style is that of her parents:

> Ma mère m'écrivait un compte rendu du monde autour. . . . Elle ne savait pas plaisanter par écrit, dans une langue et avec des tournures qui lui donnaient déjà de la peine. Écrire comme elle parlait aurait été plus difficile encore. . . . Mon père signait. Je leur répondais aussi dans le ton du constat. (p. 91)[17]

One way in which she tries to strengthen such links is by making catalogues of the language they use.

> Tout au long du récit, les italiques reprennent et rappellent les mots et expressions qui plus que la description de scènes ou de photos, ou l'évocation de souvenirs, restituent, en le balisant, ce monde pauvre de son enfance. Entre ces mots, ces adjectifs ou ces adverbes, ces dictons, son père a été enfermé toute sa vie.[18]

Such catalogues are frequent in *La Place*. They are a key element in the way language contributes to the theme of place. They are used to point to the aggressive familiarity of family life: 'Zéro! – Cinglée! . . . Triste individu! – Vieille garce! . . . On ne savait pas se parler entre nous autrement que d'une manière râleuse. Le ton poli réservé aux étrangers. . . . La politesse entre parents et enfants m'est demeurée longtemps un mystère' (p. 82).

What is even more significant is that *illustration comes before definition*. Explanation (or the search for one) is an important part of the novel's purpose, but it is the practical experience of the language which is stressed primarily.

The narrator's relationship to her parents is an important key to more general social behaviour. It allows the narrator to stress that general social experience is closely related to the concrete experience of language.

The examples I have already given show that the narrator is anxious to define the various ways in which language situates the protagonists in relation to the world outside. They also show how characters relate to one another, especially when people belonging to different social groups are involved.

Language is thus used as a means of exploring social disorientation: 'Enfant, quand je m'efforçais de m'exprimer dans un langage châtié, j'avais l'impression de me jeter dans le vide' (p. 78).

Or it can be a means of exploring social conflict, as when the narrator corrects her parents' language: 'Tout ce qui touche au langage est dans mon souvenir motif de rancoeur et de chicanes douloureuses, bien plus que l'argent' (pp. 78-9).

Only language, it is suggested, can reveal differences between classes and the mentalities involved.

THE THEME OF PLACE

The problem of language is, however, tackled in a unique and specific way. Without departing from its aim of describing 'real' rather than imaginary situations (this is why *La Place* is *not* called a novel), it is a word, not social reality, which sums up a great deal of what the book is about. The word is of course *place*, which, together with the ideas associated with it, recurs constantly throughout the book.[19] This creates a *theme* which binds the whole narrative together. Once again, it is a sign which gives unity to a wide variety of detail. These different occurrences are worth listing in detail.

The idea of *place* is used basically to define social situations: the position which one occupies in society, one's links with other social groups and the states of mind involved.

La Place stresses and extends the significance of this idea by repeatedly playing on the different but convergent values the word and its synonyms may have, whether they be literal or metaphorical.[20] It underlines the idea that concrete experience and abstract ideas are not totally distinct.

Repetition of the idea of *place* gives significance and unity to elements (such as the literal meaning of the world) which are not at first sight connected with the meaning the word possesses in the title. Out of context, these elements would certainly have a different value. This a typical way in which fiction produces coherent and unique statements – creating meaning rather than anecdote.

Thus the reference to the 'seul lit à deux places' (p. 55) indicates that the daughter and her husband are in some way usurping the place of the father who has just died. Turns of phrase like 'prendre toute la place' (p. 69) or 'de sa place à table' (p. 69); 'des buveurs . . . dont la place est sacrée' (p. 73), set up a tangible link between the physical position of a character and her/his place in society. The same is true of 'profitait d'une place' (p. 70) and the spatial value of *displacement*: 'envoyer à sa place' (p. 57).

Very similarly, it may refer to the idea of being out of place, 'ne pas être à sa place': 'plus que jamais, [mon mari] a paru déplacé ici' (p. 55); 'la peur d'être *déplacé*, d'avoir honte. Un jour il est monté . . . en première' (p. 76). Physical place is thus closely related to links in relation to others: 'la place du père dans la vie quotidienne et dans le coeur des habitués' (see p. 54).

The notion of social position thus involves the idea of an emotional place. It may even be sexual as well as merely social as when the daughter's adolescence physically and emotionally separates her from her father, moving her closer to her mother (p. 87).

In very different contexts, the term may bring in the dynamic idea of *replacement*, or self-effacement, the changes, pressures and rivalries taking place in time: 'inviter la personne à comprendre et à poursuivre à sa place' (p. 78); 'prendre la place de ma mère à l'épicerie, sans plaisir' (p. 85); 'A la place des ruines' (p. 88).

But of course, it especially refers to 'la place *sociale*', 'la *classe* sociale' which an individual occupies: 'Il cherchait à tenir sa place' (p. 68); ' «Quelle position» ' (p. 71); '*haut placé*' (p. 78); 'On a choisi à notre place' (p. 103).

Work, a job, with all its social connotations is close to this meaning. People's work is an obvious indication of their social position. Hence the importance of references to 'une place mieux payée (p. 65); 'elle s'était encore une fois sauvée de sa place' (p.62); and more relevantly still, because it is ambiguous: 'L'État m'offrait d'emblée ma place dans le monde' (p. 91).

But whatever meanings the word takes on, it does not have a simple, static quality. It refers to dynamic, changing contexts and experience: people changing jobs, moving up in the world, being threatened by others, giving way to them, dominating them. Most frequently language is directly involved. That is why the *linguistic* conflict with the parents (p. 78) is so significant – it defines the 'places' the narrator and her parents occupy, and the widening gap between them.

The idea of place is, however, much wider than the simple use of the word might imply. Ernaux works on the theme of place by wide use of different *synonyms* of the term. Once the reader becomes aware of this device, she/he realizes how many social processes the theme implies, and how many characters are involved: '*retomber ouvriers*' (p. 65); 'Au retour, il n'a plus voulu retourner dans la culture' (p. 63); 'Obsession: «*qu'est-ce qu'on va penser de nous?*» (les voisins, les clients, tout le monde)' (p. 77). As one can see, the theme has wide connotations in the minds of a variety of groups, for each of whom it takes on a different colouring.

For the narrator's parents, it is linked to the 'place' imposed by external influences. The father's school reading has taught him to keep to his assigned 'place' and be 'toujours heureux de notre sort' (p. 61) – a lesson which he readily accepts: 'C'est le seul livre dont il a gardé le souvenir, «ça nous paraissait réel»' (p. 61). The links with other themes (especially that of language, mentioned above) are clear.

At the same time, we see that characters are not always passive to the same extent. The narrator's parents try to improve their lot by buying a small café-cum-grocer's shop. In this way, they highlight the kind of 'place' which they reject and point to the fear involved: '*retomber ouvriers*'

(p. 65), and to the pride: '«mon mari n'a jamais fait ouvrier»' (p. 64).

The same people are also shown in relation to the 'place' which they seek after and have achieved: 'Il cherchait à *tenir sa place*' (p. 68) – or which they may have failed to achieve: 'Tu n'étais pas fait pour être commerçant' (p. 82).

The parents may often express such striving through their children: 'l'espérance que je serais *mieux que lui*' (p. 84) – even though this may lead to a break in family ties: 'peut-être sa plus grande fierté, ou même la justification de son existence: que j'appartienne au monde qui l'avait dédaigné' (p. 103).

The theme points inevitably to radical differences of *cultural* place: '«les livres, la musique, c'est bon pour toi. Moi, je n'en ai pas besoin pour *vivre*»' (p. 88); or to that same place sought by the narrator, as seen by her parents: '«elle étudie pour être professeur»' (p. 92) – and the 'place' (her profession, her marriage) which she ultimately achieves: 'maintenant je suis vraiment une bourgeoise»' (p. 57) – and the effect it has on her outlook: 'Il est trop tard'; 'Je me suis pliée au désir du monde où je vis, qui s'efforce de vous faire oublier les souvenirs du monde d'en bas comme si c'était quelque chose de mauvais goût' (p. 83).

One important variant of the theme of place comes from the way it merges with the theme of space. The geography of *La Place* is very closely defined, even if some towns remain anonymous. Social movement is confined to where people are born and grow up. The claustrophobic milieu in which people live may well restrict all possibility of change and improvement. Hence the *double* value of the café:

> Symbole de la promotion sociale, le bistrot se révèle un autre lieu d'enfermement et d'aliénation.[21]

In a more abstract way, that space may concern the gap between people: the one that separates the narrator from her father and all he represents – an *empty* space therefore, which contains neither values, nor language, nor communication. Finally, place may relate to that search for a style through which the narrator's parents may be honestly described but which ironically keeps them at a distance:

> C'est par les mots, la seule richesse que l'ascension sociale ne pouvait procurer à son père, qu'elle parvient à reconstituer ce continent englouti, celui de la première moitié de notre siècle.[22]

Although language and writing carry with them no guarantee that the subject will be adequately described:

> rarement a été mieux soulignée l'impossibilité d'atteindre le réel et notre enfermement dans les mots.[23]

This 'écriture de la distance' is the only way for the narrator to get anywhere near her subject. But the irony is that it creates another *gap* by which the theme of place may be defined. Even the tense used, the 'passé composé', 'le temps de la distance', contributes to this separation (see below).

THE THEME OF LANGUAGE

Style in *La Place* needs to be looked at more broadly than we have done so far, for the theme of language concerns every aspect of the book. Once again, apparently isolated or anecdotal details point back to the central ideas (change, betrayal, communication) which we have already seen the narrator grappling with.

Thus the changing face of the father's world is illustrated by an experience which links him to his daughter: that of new language, language which has come from outside his own social group: 'Il disait les mots d'argot rapportés par son frère en permission' (p. 63).

At the same time, this points to major differences between father and mother. For it is she who is the more socially mobile of the two. Whilst the father does not get beyond the point where 'Au retour [du service militaire], il n'a plus voulu retourner dans la culture' (p. 63), she is 'soucieuse de faire évoluée' (p. 78) and experiments with new language: 'A l'inverse de ma mère . . . qui osait expérimenter, avec un rien d'incertitude, ce qu' elle venait d'entendre ou de lire, il se refusait à employer un vocabulaire qui n'était pas le sien' (p. 78).

Language is a point of conflict and contradiction therefore between husband and wife. It is the area in which the gap, the fissure, shows most clearly. But it is also the key to the nature of different relationships. Such relationships are very varied. One thinks of the special language the mother uses to her husband after his death: '«mon pauvre petit père»' (p. 53); or the *lack* of communication on sexual matters between mother and daughter.

Language does not only vary in its appropriateness. It may also highlight major differences in attitude through the different use of the same term. For the father the word itself has a quite different meaning from that which his daughter adopts: 'Il a toujours appelé ainsi le travail de la terre, l'autre sens de culture, le spirituel, lui était inutile' (p. 63).

Examples like this show us how we should interpret the lists of expressions the narrator gives: once again, as in Hoggart (see Bibliography), they define the linguistic/social place the family occupies – its real cultural identity. But these standard expressions, these *idées reçues*, are not those of one individual but of a social group. They define social difference, possible conflict and incompatibility.

When the narrator meets a former pupil in the final scene the writing focuses insistently on the verb *reconnaître*: 'J'ai reconnu. . . une ancienne élève' (pp. 103–4). However, it becomes clear that only *physical* recognition is involved. She has in fact forgotten what had become of her. The language used to describe the incident (which, being the last in the book, sums up what has gone before) is not really correct. It implies the opposite of the facts: it is therefore ironical.

The theme of irony works in two ways. On the one hand, it is referred to as the distinctive and divisive viewpoint of a particular social group. Of her husband, the narrator says: 'Comment un homme, né dans une bourgeoisie à diplômes, constamment «ironique», aurait-il pu se plaire dans la compagnie de *braves gens*, dont la gentillesse . . . ne compenserait jamais à ses yeux ce manque essentiel: une conversation spirituelle' (p. 95).

Secondly, in a book which systematically avoids moralizing, irony has an important function. It is through irony, the conflict of statement and appearance, description and implication, that the narrator indicates how we may grasp the *implications* behind the story. This is true of the ways in which different groups relate to each other. It is also true of the way in which the narrator's language relates to the things she evokes. Writing about events is closely linked to the events themselves.

The very fact that the narrative is ironical shows how much the meaning of *La Place* is based on conflict and incompatibility. Any satisfactory reading of *La Place* must therefore avoid taking what it says at face value. It must bear in mind the extent to which the statements the book makes are revealingly at odds with what they claim to describe.

Such an approach is especially necessary because *La Place* appears to be a realist narrative. It invites us to take things at face value; it implies that language is perfectly adequate to define reality; it claims that the structure of the narrative, the order in which things are presented, clarifies the account. To strengthen this impression, the narrator makes explicit reference through 'notes de régie'[24] to the way in which she is trying to get closer to her subject.

However, the relationship between narrative and reality is not something that can be taken for granted: it is a theme in its own right – a problem which the narrator explores in the same way as she explores the very closely linked subject of her relationship with her father.

Once this is accepted, the text may be seen as realistic, for this theme, like the factual detail (events, experiences, appearances), may be taken to be 'true'. There are right and wrong answers to it. It is not a figment of the narrator's imagination. Unlike many non-realist, modern texts, *La Place* is not preoccupied with the idea of its own textuality, of writing as an end in itself. It does not suggest that it is independent of the outside world, that it has no connection with real events – or that real events do not exist.

La Place points to the difficulties of accounting for experience. It is modern not in the sense that reality is unsure, but rather in the sense that language is not to be trusted: communication is always difficult.

In *La Place*, the inadequacy of language is strongly emphasized: the narrator's own style disintegrates at the end of the book. This in itself instils a sense of failure through a final, vain attempt to recapture the father and the past in general.

In addition, the characters' own language may in one sense suggest aspects of their personality. In another sense, it is full of stereotyped phrases which set up a permanent barrier between the reader and an understanding of those characters as individuals. The mother's cliché-ridden description of her first daughter's death ('«elle est morte à sept ans comme une petite sainte»' (p. 69)) tells us a great deal about the religious reflexes which particular events call forth but nothing very distinctive about the mother. Speech and behaviour are ritualistic, as are the devices used in popular speech to get round awkward, embarrassing situations: using popular songs when one would not know what to say (p. 65). This shows how we should understand the café customers' 'paroles de circonstance' when the father dies. They have, as the author suggests, ethnological value.

Language is of value especially in establishing the nature of class relationships. So *La Place* brings in notions of distinction and correction, to show how dominant language defines social structures.

Annie Ernaux has said herself how important the writings of Bourdieu (see Bibliography) were in deciding how to write

La Place. Bourdieu claims that language cannot in itself achieve anything: orders are not automatically carried out; silly statements are not necessarily made fun of. It depends on who makes them. Language has no power in itself. What gives it power is the place which the speaker occupies, the group to which she/he belongs and the authority which this implicitly confers upon her/him.

Language always functions in society in a specific way: essentially, one set of speech habits or language (often that of teacher, the visible representative of authority) dominates other linguistic patterns (accent, intonation, dialects, patois, popular speech) which are 'deviant', non-normal forms and, because of this, devalued.[25]

Those who use the dominant language use it to manipulate subordinate groups. The doctor in *La Place* illustrates this clearly when he speaks patois with his working-class clients. The fact that he can change his speech stresses the dominance which he possesses – his normal language is that of the dominant group to which he belongs. Bourdieu speaks of 'stratégies de condescendance'.[26] They are another means of retaining the upper hand.

The opposition between dominant and 'inferior' linguistic forms, and the groups which they represent, is one of conflict. We have seen the grandfather's attitude to reading (p. 58): the 'culprits' here (his children) are the ones who have *learned* more than him. The conflict is educational and is often directly expressed in *La Place* through the opposition of school and family influences.[27] The grandfather's hostility is still to be seen in the father's attitude towards his daughter: 'Il s'énervait de me voir à longueur de journée dans les livres' (p. 87).

Hence the crucial importance of the book's opening scene. The narrator obtains a teaching certificate and this gives her the right to use the dominant language. It places her automatically in the class which 'possesses' that language and the authority it confers. In so doing, it separates her from those who cannot get beyond the threadbare prose (and ideas) of popular journalism (*Paris-Normandie*), and whose command of language is so unsure[28] that they cannot tolerate pompous or naturally elegant speech.

However, the narrator does not sit comfortably in her new social class. She never uses the dominant language with the offhanded self-confidence of those who are born to it. The conflict continues within her, for she is just as much in a half-way house as her father: she has put down new roots but cannot break away from the old ones.

In order to describe her father and what he represents, the narrator rejects glamourization and lyricism, and opts for factuality (p. 62). She strives to avoid glossing her subject with an irrelevant dominant language. The flat style, the 'ton de constat', the lists of regionalisms are those of her parents too and make up in some way for the betrayal she feels she has committed.

Her refusal to adopt an ironical tone – distinct from the ironical *implications* in *La Place* – further confirms her rejection of the dominant language, for irony, with ambiguity, is a fundamental aspect of bourgeois discourse and the literature which goes with it (see pp. 69, 95). This is the only way for her to achieve the 'Voie étroite. . . entre la réhabilitation d'un mode de vie considéré comme inférieur, et la dénonciation de l'aliénation qui l'accompagne' (p. 73).

These points demonstrate how much the novel's style is bound up with its subject. They stress how difficult it would be to call *La Place* either a novel or a *récit*: it deliberately rejects a literary style and traditional characterization; it *invites* us to read it as something other than a novel because of the fact that it is not placed in a traditional category. As a result, we must pay particular attention to any documentary value the book may have, or to the kind of documentation used and the way they combine. For example, the narrator's detailed use of photographs is especially significant. It could be seen as an attempt to succeed where clichés have failed – indeed, there are points in *La Place* where examples of speech are set against detailed, factual, unemotive descriptions of photographs. The mother's clichéed account of her first daughter's death is followed by the description of the photograph.

So, in one sense, the description of photographs is the opposite of the catalogues of expressions which have already been mentioned. It is perhaps no coincidence that the word 'cliché' may be applied both to stereotyped expressions and to snaps: we are still in the world of language – the fact that the same word *can* be used for both proves that – but their usefulness is not the same.

The general emphasis may be on the characteristic, but more particularly, the narrator uses photography as a way of remembering. She talks about an 'Instantané de la mémoire' (p. 94), as if she thought all her recollections were like photographs – detailed, but wrenched from any context.

Logically, therefore, recollection is a series of detailed static fragments rather than a connected story. It concentrates on the physical context and backgrounds which are socially significant:

> les signes . . . de la condition sociale, ces bras décollés du corps, les cabinets et la buanderie qu'un oeil petit-bourgeois n'aurait pas choisis comme fond pour la photo. (p. 70) . . . On se fait photographier avec ce qu'on est fier de posséder, le commerce, le vélo, plus tard la 4CV. (p. 74; see p. 86)

The narrative is especially fragmented when the narrator's memory, or memories, are directly involved. The father's early life is much more connected, as is the account of his death. The account of the father's death is split between beginning and end. The chronological order is inverted. Nevertheless, there is a strong contrast between the 'instantanés' which the text uses elsewhere and the continuity adopted here. By implication, this episode's narrative and thematic function, its meaning for the rest of the book, are also different.

The father's death is of course a central episode: the rest of the book derives from it. It is immediate and graspable, whereas the memories which the narrator uses to explore her father's character and her relationship with him are much more uncertain. Because of this the writing is much more disjointed: her recollections do not fit into any continuous pattern.

The narrator becomes aware of this fact for the first time at this moment: yet another reason why the meaning of the novel is strengthened by making the father's death coincide with the daughter's professional progress (p. 52), the Capes examination which puts the seal on her break with her family.

Clearly, there is nothing purely literal about *La Place*. There is no difficulty in seeing symbolical meaning in quite a few details: the daughter is *made* to live in a distant, very different part of France: her increasing *geographical* separation gives a physical dimension to the break; the first paragraph stresses the idea of separateness and difference: 'Un lycée neuf, avec des plantes vertes dans la partie réservée à l'administration et au corps enseignant' – the pupils' surroundings, one supposes, are not so attractive; when the parents ultimately buy a café, it is 'à mi-chemin de la gare à l'hospice' – a detail which bears clear intimations of mobility and death.

The narrator's flat and unemotive style nevertheless excludes unusual images. 'Bouquets de rires' may be noted (p. 73), but that is about all. Symbols work much more through concrete examples given without comment or emotion. The father's death, the most emotive event in the book, is recounted in a totally factual way, as is his early life. This stresses the distortion lyricism would cause. The detailed, factual style has a documentary function: it stresses Hoggart's point about the minute character of a working-class world made up of a number of details and involving the repetition of the same actions.

Memory holds many threads of the narrative together. It is

by recalling the past that the narrator attempts to describe her experience and to grasp her father's personality. When these details were present to her she did not notice them, or even rejected and despised them.

> Le déchiffrement de ces détails s'impose à moi maintenant, avec d'autant plus de nécessité que je les ai refoulés, sûre de leur insignifiance. Seule une mémoire humiliée avait pu me les faire conserver. (p. 83)

And so, the instant has to be recreated. It is a slow process:

> J'ai mis beaucoup de temps parce qu'il ne m'était pas aussi facile de ramener au jour des faits oubliés que d'inventer. (p. 97)

It is a devious process too – the best evidence for her father's social personality may come from unexpected quarters:

> J'ai retrouvé dans des êtres anonymes rencontrés n'importe ou, porteurs à leur insu des signes de force ou d'humiliation, la réalité oubliée de sa condition. (p. 97)

But this can only produce snatches of detail. It can only happen in a way which fuses together apparently dissimilar detail: the text constantly moves without transition from written statements to spoken ones, from description to the thoughts which accompany them. The father's eating habits are handled in this way (p. 90) as are the traditional phrases used in the shop: 'merci au plaisir' (p. 66). Similarly, echoes of nursery rhymes are inserted without markers (p. 62).

This is not unrealistic, but it is a modern kind of realism. It points to the way in which disjointed details merge when we remember them.

The theme of memory is determined by the narrator's choice of tense. This is not the 'literary' preterite, which implies a coherent, written organization of the past, with all causes and effects visible, but the 'passé composé' – the colloquial way of talking about the past. It implies details

produced one after the other, in no precise order. It is therefore completely appropriate, given the way memory works in
La Place. It fits in with the isolated images the narrator draws
on in her writing, the frequent use she makes of photographs
(p. 69). Such a choice serves another purpose: it underlines
the conscious decision on the narrator's part to break away
from a middle-class style and the distance it would have
created between herself and her subject.

AUTOBIOGRAPHY?

As *La Place* is called neither a 'roman' nor a 'nouvelle' the
temptation is perhaps to see it as a piece of autobiography. In
fact, there are huge *differences* in style, order and events:-
isolated incidents may have provided the starting-point or a
kind of documentation, but they necessarily change out of all
recognition once they are merged with invented details and
overall themes.[29]

   Whether a writer really experienced what she/he describes
is generally irrelevant unless we pay very careful attention to
the ways in which her/his experience changes in the writing.
This is true of Annie Ernaux. There is no doubt that her
father's death and her feeling of betrayal provided the initial
motivation as well as the initial theme for *La Place*. But it is
equally clear that the book has very little to do with naïve
autobiography, the kind of journalistic approach which suggests that something is interesting only because it really
happened.[30]

   If *La Place* has anything at all to do with the author, it can
be seen in her evolving approach to her text as she was writing
it: the *transformation* of a sense of guilt into a piece of
writing.

THE WRITING OF *LA PLACE*

The initial writing for *La Place* began in 1976 (seven years
before publication), nine years after the author's father had

died. The first draft has no plot as such. It is made up of twenty-five pages on her own attitudes and psychology. After this there is a pause, showing that these notes do not have any specific goal in mind. They are set to one side so that Annie Ernaux can write another novel.

The second attempt comes after the publication of *Ce qu'ils disent ou rien* (1977).[31] In a new draft (about 100 pages) which she was to abandon in April 1977, Ernaux now concentrates both on the father's death and life. So some elements of the final text are already present: from the beginning the basic subject is the father's death and the gap between father and daughter; the basic theme is the narrator's sense of betrayal. However, the *focus* of the final version is very different. The second attempt is made up of what Annie Ernaux calls an emphatic and over-constructed narrative ('une narration très pesante'); she uses 'une écriture de dérision', to describe her father's experience. Both of these stylistic devices will disappear from the final version. This change tells us a great deal about the way the author thought through her subject. Indeed, the two elements used in 1977 are so meaningful that in the published version the narrator rejects them *explicitly*.[32]

The problem of focus comes up again in 1977/8, when Annie Ernaux undertakes her third attempt. Now, she moves away from the fictionalizing aspects of the second version and the subjective aspects of the first and attempts a portrait of her father's and her own real existence. Different kinds of divergences creep in, which will be eliminated from the printed version. In the third attempt, the 'conseil de classe' is much longer. The structure and balance of the later text have not yet been achieved. The imbalance between the symbolic beginning and the description of the father's death will be eliminated only later.

The third draft adds commentaries on the practical, writerly difficulties involved which will provide an important strand in the final version: 'je découvre et j'écris' – 'j'écris lentement' (p. 69). At the same time, the author has a feeling

of great dissatisfaction, especially because her text is too
emotive. The problems are such at this stage that the beginning was rewritten ten times. By June, however, Annie
Ernaux had reached a point which she describes as a
'blocage total'.

In her fourth attempt, she therefore adopts another tack:
reflection on 'la condition féminine'. Given the book's final
themes, this is clearly a dead end – for *La Place* at least. The
line she is following at this stage leads to a novel of a different
kind:[33] *La Femme gelée* (written between September 1978
and October 1979, and published in February 1981). However fundamentally different this novel turned out to be, the
way it came to be written shows that, 'in depth', the different
strands of her (or any writer's) activity tend to be very closely
linked. The basic potential, the possibilities, may be worked
out in a variety of ways. This is why the study of one text is
always the best key to understanding the others. More specifically, this phase marks a turning-point in Ernaux's literary
activity. The beginning of *La Femme gelée* was in fact written originally in the flat style so characteristic of *La Place*.

In 1977 Ernaux was given a teaching post in a state school.
The need to prepare classes meant that her summer holidays
were lost. This held up the process of redrafting. However,
during the period in which direct work on *La Place* was
interrupted, Annie Ernaux gathered together notes and
documentation made up of recollections and observations on
her father's cultural habits, and the distance which separated
father and daughter.

The fifth attempt to write *La Place* came in 1980. It shows
the impact of the author's current experience, both personal
and professional, for by this time, the author was giving
university courses on autobiography and 'le récit poétique'
which come very close to the theoretical problems which
needed to be solved before *La Place* could be written. For
Annie Ernaux, the whole question of autobiography and
style is therefore academic as well as emotional.

April 1982: the sixth draft deals with the father's death in a traditional novel form. It centres, with great emphasis, on a railway platform scene, on a woman's journey with her child to see her parents, with an underlying, undefined theme of intended divorce. The journey takes on the character of 'un voyage initiatique': it recounts the break with the middle-class world. This element is therefore given much more weight than the journey which takes place in the final version of *La Place*. Another difference in focus comes from the fact that the female narrator has become the central character. There is no mention of the father's life and death. The heroine is that of *Les Armoires vides*, but ten to twenty years older, rather cold with no feelings of hate. Her child plays an important part. By May 1982, the cold tale of a journey had not developed enough for the point of arrival to be reached in the narration. Stylistic difficulties led to a further interruption until September.

September 1982 saw the writing of a seventh version. This is no longer a 'voyage initiatique'. The first draft still relates a journey ('J'ai pris un train'), but its focus has changed: it has become the story of a 'visite à la mère', with the father still alive. It includes an important departure scene on the station platform. More important than this, however, is the fact that from now on, the process of writing is actually part of the text.

Documentation for the eighth version, subsequent to September 1982, consists of further notes with a view to producing what Annie Ernaux calls a 'travail ethnologique', much more of a case study than a pure work of fiction. One of the first projected titles bears this out: 'Eléments pour une ethnologie familiale'.

When after September 1982, Annie Ernaux begins work on the eighth version, she concentrates on the order in which the different elements of narrative or sentence order are to be put. Clearly, by this stage, one of the central features of the final version is emerging. Things are not finalized yet, however: for example, the library scene had originally come at the beginning. Now the Capes examination comes at the beginning, before the father's death, thereby emphasizing the sense of separation and betrayal. The temporal ordering of the work shifts: as in the final version, the key moments of the work come at the beginning although they belong to the end of the book's chronology – making them even more significant.

Questions of balance still remain to be worked out: in the September 1982 version, the Capes episode lasts five pages. It excessively overshadows the equally important episodes of the father's death. Other major changes take place at this time. Whereas earlier versions explored a state of mind, and gave the narrator's opinions, the final version is much more neutral: it points to the understanding acceptance of another culture – that of her father.

At this stage, earlier drafts are merged into the version which is very close to the final one. Earlier work cannot be seen as a waste of time. It belongs to a process of exploration and 'storage': for example the last page comes from the 1978 version. Similarly, the twenty-five pages of notes and documentation written in 1977 were very similar in style to that of the final version, even if the psychological *reactions* and *attitudes* dealt with a set of characters who have disappeared.[34]

These then are the main stages through which the novel goes before it reaches its final version. The fact that Annie Ernaux wrote other novels whilst working on *La Place* shows how closely linked her novels are and how much each text is a variant of the others – whilst the time taken to write *La Place* reveals how distinctive this book is.

The reworking of material, its manipulation beyond any requirements of pure autobiography, stress the fact that the narrator is not to be confused with the author – any more than fiction can be a direct reproduction of reality.

If there are clear similarities (Y . . . is by the author's own admission Yvetot), there are also substantial differences between Annie Ernaux's life and her work: differences in time and place between the experience of the author and that of the narrator. For example, in real life the father's death took place before the author took her teaching certificate. If we know that Y . . . is Yvetot, the home town, in the text it is made deliberately anonymous and vague as are the author's precise birth date, her specific career, and the town she went to live in.

In the case of Annie Ernaux, it is very difficult to separate the autobiographical aspect from the writing of the novel. As we have seen, however, we need to see how it is reorganized and the meaning that reorganization gives to the text.[35]

APPENDIX

From Annie Ernaux herself

Jusqu'à dix-huit ans j'ai absorbé parallèlement [le style du feuilleton populaire et celui de la 'grande' littérature]. Ce qui me tient c'est de trouver [une] voix par rapport à ce que vivent les gens. Dans cette visée, la littérature 'bourgeoise' ne me 'convient' pas au sens propre. Je n'ai jamais eu envie de l'imiter. Cette volonté de me situer[36] me laissait totalement démunie pour dire mon monde. C'est ce que j'ai eu envie de dire en écrivant *Ce qu'il disent ou rien*. Ce problème a été encore plus aigu pour l'écriture de *La Place*: quelle écriture pour parler de mon père, cet homme que j'ai connu?... Je n'ai pas l'impression d'avoir écrit du language parlé. C'est dans *La Place* que j'ai été le plus 'près' des lettres que ma mère m'écrivait ou que des membres de ma famille m'adressaient. On y trouve toujours l'absence de transitions et l'exposé du fait brut sans cause. J'ai essayé de m'approcher de ce langage écrit. Ce n'est pas à proprement parler un modèle mais un trouble; car s'ils écrivent ainsi c'est peut-être maladresse mais c'est aussi très profond, ce côté défait qui dit l'essentiel... j'ai évité tout ce qui peut être romanesque, les descriptions par exemple. Je ne voulais pas décrire un destin particulier mais atteindre autant que possible la généralité. [Le style est une] mise à distance. . . . Ce que je hais par dessus tout c'est l'écriture qui joue continuellement sur les symboles . . . . Les écrivains qui donnent dans l'exotisme social ont le sentiment de réhabiliter le monde alors qu'ils produisent l'effet inverse. . . . J'ai essayé de dire: *'Je vais vous montrer quelque chose, regardez, ne touchez pas; il n'y aura pas d'identification ni de complicité possible'*. . . . Tous mes livres sont des univers clos, hélas! Il n'y a pas d'issue. . . . L'image du père dans *La Place* est très positive. Alors que mes trois premiers livres sont écrits 'contre'. *La Place* n'est plus un monologue intérieur. (*Révolution*, 260, 22 February 1985)

La trahison, c'est ce sentiment que j'ai eu fortement à la mort de mon père. Il était d'une extraction très pauvre (surtout pas modeste); il a essayé de s'élever difficilement, il est parvenu à une petite place et moi je suis devenue professeur, lui le désirait, il a tout fait pour que je sorte de son aliénation; et j'ai eu l'impression d'une trahison puisque j'avais oublié ce qu'était l'héritage de gêne, de pauvreté et aussi d'absence de culture. Maintenant qu'il est mort, je n'ai pas le moyen de combler cette distance qui s'était établie entre nous deux; il n'y a plus rien que les mots. . . . J'ai commencé par écrire un roman, mais j'ai pensé que c'était aussi une trahison,[37] car c'est transformer une existence réelle en forcément quelque chose d'imaginaire, de plus beau que la réalité. J'ai voulu travailler comme un ethnologue. . . . Le langage renvoie à la psychologie de mon père et aussi à leur manière de vivre . . . je n'ai pas voulu . . . favoriser une complicité entre le lecteur et la narratrice sur le dos de mon père en disant 'c'était un homme simple, mais attachant' . . . je voulais dire tout ce qui d'habitude paraît moche, laid . . . [de nos jours] les hiérarchies sociales sont moins visibles mais elles existent toujours d'une manière insidieuse. . . . Je pense qu'il y a beaucoup d'humiliation et que le milieu tâche toujours de l'oublier et quant à l'humiliateur, il ne s'en rend pas compte. (Radio interview with Roger Vrigny, France Culture, 21 June 1984)

J'ai essayé de montrer qu'une existence individuelle ne peut pas être: on est toujours conditionné par une appartenance à un groupe social; ce qu'on appelle le refoulé social[38] existe dans toutes nos conversations; donc je ne pouvais pas considérer l'existence de mon père seulement en tant qu'individu. . . . La place qu'on occupe dans la vie sociale . . . il y a par exemple des endroits où l'on n'ira pas parce qu'on s'y sentira déplacé. . . . 'La place', dans ce livre, c'est à la fois celle qu'a voulu acquérir mon père ... c'est aussi l'ensemble des pratiques culturelles qui le situent dans le monde et j'ai voulu parler dans ce livre de choses dont on ne parle pas et les considérer comme naturelles, tout ce qui était son quotidien: tout est très concret. . . . Les expressions de mon père traduisent tout à fait l'univers où il vivait; il faut donc les prendre au pied de la lettre. . . . Ce ne sont pas mes souvenirs à moi, mais les souvenirs en relation de mon père. Je me suis gommée, moi. (Radio interview, *Un livre, des voix*, 30 January 1984)

Critics

La compétence, qui s'acquiert en situation, par la pratique, comporte, inséparablement, la maîtrise pratique d'un usage de la langue et la maîtrise pratique des situations dans lesquelles cet usage de la langue est *socialement acceptable*. Le sens de la valeur de ses propres produits linguistiques est une dimension fondamentale du sens de la place occupée dans l'espace social (P. Bourdieu, *Ce que parler veut dire*, p. 84).

Les Armoires vides, si littéraire qu'il soit, pose un sérieux problème de la culture, notre culture, quand les classes populaires l'absorbent, aboutit-elle à les déraciner? (Jacqueline Piatier, *Le Monde*, 5 April 1974, p. 16)

In exploring her own sense of estrangement from the milieu in which she grew up, Ernaux reminds the reader how easily those who enjoy status and privilege . . . close their eyes to the lives of those whose cultural experience does not match the norms and values of *le beau monde*, and shows how education all too frequently serves to reinforce class divisions and to maintain the existing power structure within society. (Loraine Day, *Modern and Contemporary France*, December 1985).

[Children whose education lifts them out of their class origins] have a sense of loss [which] is increased precisely because they are emotionally uprooted from their class, often under the stimulus of a stronger critical intelligence or imagination, qualities which can lead them into an unusual self-consciousness before their own situation . . . for a number of years, perhaps for a very long time [they] have a sense of no longer really belonging to a group. . . . Almost every working-class boy who goes through the process of further education by scholarship finds himself chafing against his environment during adolescence. He is at the friction-point of two cultures . . . very much of *both* the worlds of home and school. (R. Hoggart, *The uses of literacy*, pp. 242–4).

If we want to capture something of the essence of working-class life . . . we must say that it is the 'dense and concrete life', a life whose main stress is on the intimate, the sensory, the detailed, and the personal. (ibid., p. 81).

The popular press – though it makes a speciality of safe or pseudo-controversy – hates genuine controversy, since that alienates, divides and separates the mass audience, the buyers. (ibid., p. 144).

We are moving towards the creation of a mass culture . . . the remnants of what was at least in parts an urban 'culture of the people' are being destroyed; . . . the new mass culture is in some important ways less healthy than the often crude culture it is replacing. (ibid., p. 12)

NOTES TO THE INTRODUCTION
AND APPENDIX

1 A great deal of information, especially that concerning the way in which the book came to be written, was supplied by Annie Ernaux herself, to whom I am most grateful.

2 See especially the books by Dupeux, Noirel and Hoggart in the Bibliography.

3 In this and other respects, *La Place* reworks material and themes which are to be found in all Annie Ernaux's novels. Each one starts from the same framework, the parents' *café-épicerie*, and explores the problems of adolescence, sexuality, education, professional life and marriage. There are noticeable differences, however: description is often more detailed than in *La Place*; the mother plays a much more important part and the female narrator is the central character in texts which are often systematically feminist. Flashback techniques may be used as in *La Place*, but the style, which seems to owe something to Céline (see *Voyage au bout de la nuit*), exploits varied forms of literary impressionism and indulges in noticeable shifts of focus. *La Place* is, however, different from the other works because of the emphasis it places on the father's death, problems of class and the difficulty of writing.

4 This is shown to be an artificial process. It illustrates Hoggart's comment: '[The scholarship boy whose education has lifted him out of his class-origin] becomes an expert imbiber and doler-out; his competence will vary, but will rarely be accompanied by genuine enthusiasms. He rarely feels the reality of knowledge . . . on his own pulses.' (*The Uses of Literacy*, Harmondsworth, Penguin, 1957, p. 246.)

5 The kind of personal experience the narrator describes is much more recent, however: 'the intellectual minority. [especially] during the latter part of the nineteenth century, used to stay within the working classes [much more] than it does today.' (Hoggart, op.cit., p. 279).

6 Other titles were 'L'expérience des limites', 'Signes', 'Images', 'La bonne voie', 'Distances'. All are worth analysing to find out the way in which they influence our reading of the novel.

7 S.C. in *Le Courrier Cauchois*, 16 June 1986.

8 Another possible intended reader is the narrator's father. This point is dealt with in the section on style.

9 It is useful to distinguish between subject and theme. The *subject* of a novel is the plot line, the story; its themes, on the other hand, are what is *implied* by the subject matter, the problems, types of behaviour and overall attitudes which the subject matter highlights. The subject of *Hamlet* is a man's attempt to avenge the murder of his father. One of its *themes* is the way action may be paralysed by too much thinking.

10 The narrator is living in south-east France, at the foot of the Alps, which is markedly different from lowland, northern, maritime Normandy.

11 If chronology had been respected the journey would have been placed between the Capes examination and her father's death.

12 Change is seen through the minor theme of religion – at each stage of the novel (see the themes of superstition, pilgrimages (p. 00), Lisieux, etc.) the narrator escapes although she is sent to a religious school.

13 I am using the word 'cultural' here in both its senses as defined (in the most relevant ways for us) by the *Trésor de la langue française*:

> 1) Bien moral, progrès intellectuel, savoir à la possession desquels peuvent accéder les individus et les sociétés grâce à l'éducation, au divers organes de diffusion des idées, des oeuvres etc. 2) Mode-système de vie, civilisation, au sens de civilisations tenues pour des organismes autonomes et mortels.

14 In *La Place*, by exploring her relationship with her father, she attempts to reforge them.

15 See the final scene of the book.

16 Taking place in school, it implies that even in front of a group of maths students, this is Culture.

17 Ironically, the mother is closer to the daughter – she writes the letters; the father merely signs.

18 Francine de Martinoir, *La Nouvelle Revue Française*, April 1984, p. 113.

19 This was according to the writer a barely conscious process.

20 Such repetition goes beyond obvious sociological values and gives the writing its literary coherence. It would be useful to consult the *Petit Robert* or better still the *Trésor de la langue française* to find out all the possible meanings and synonyms the word *place* may have in French.

21 Bernard Alliot, *Le Monde*, 13 November 1984.

22 Martinoir, art.cit.

23 ibid., p. 112.

24 Strategic notes which the text itself contains about the techniques it is using, as if it were giving itself instructions. See especially p. 00. Part of the novel is an explicit discussion of the way in which it should be written and subsequently a description of the experience of writing – 'J'écris lentement' (p. 00); 'aucun bonheur d'écrire' (p. 00); etc.

25 Quotations from Bourdieu clarify this point:

> [la] langue d'État devient la norme théorique à laquelle toutes les pratiques linguistiques sont objectivement mesurées. . . . Tout se passe comme si, en chaque situation particulière, la norme linguistique . . . était imposée par le détenteur de la compétence la plus proche de la compétence légitime. . . . La valeur naît toujours de l'écart, électif ou non, par rapport à l'usage le plus répandu, 'lieux communs' . . . tournures 'triviales' . . . langage 'recherché' etc. (P. Bourdieu, 1982, *Ce que parler veut dire*, Paris, Fayard, p. 27, 50, 77).

26 ibid., p. 61.

27 ibid., p. 53.

28 See p. 00: the father writes 'à prouver' instead of 'approuvé' – an involuntary comment on working-class suspicion of middle-class sharp practice. However, see Hoggart, op.cit., p. 269: 'People are not living lives which are imaginatively as poor as a mere reading of their literature would suggest.' It would be unfair to forget the importance of the handyman side of the father's character.

29 To see a novel purely as a recounting of 'real experiences', interesting only if you can spot the sources, is largely a waste of

time. It implies that authors (like Shakespeare) whose lives are not well known cannot really be interesting.

30 More characteristic of *Paris-Normandie* than *La Place*. Auto-biography itself is now seen as being a genre which has very clear narrative, fictionalizing procedures. See P. Lejeune (1975) *Le pacte autobiographique*, Paris, Seuil.

31 Her first novel *Les Armoires vides* was published in 1974.

32 We can see that *La Place* recounts parts of the story of how it came to be written. These are authentic autobiographical elements.

33 *La Place* is in one sense a *reworking* of themes found in Annie Ernaux's other works. See Notes to the text where this idea is developed.

34 In jettisoning these, Annie Ernaux creates something different from a novel in the normal sense of the term.

35 It is clear that a text of such varied complexity is of interest to a wide variety of readers. This explains why it has been translated into Russian, Bulgarian, Czech, Italian, Danish, German, and Dutch. Strangely, or perhaps significantly, it has not as yet been translated into either Spanish or English.

36 Yet again, the problem of 'la place'.

37 This points to the meaning of the quotation from Genet given at the beginning.

38 That is to say those forms of social behaviour which one attempts to suppress in order to hide one's origins both from others and from oneself.

SELECT BIBLIOGRAPHY

NOVELS BY ANNIE ERNAUX

1974 *Les Armoires vides*, Paris, Gallimard.
1977 *Ce qu'ils disent ou rien*, Paris, Gallimard.
1981 *La Femme gelée*, Paris, Gallimard.
1983 *La Place*, Paris, Gallimard.
Another novel by Annie Ernaux is due out in 1987.

NOVELS, ETC., ON SIMILAR THEMES

Amis, K. (1970) *Lucky Jim*, Harmondsworth, Penguin.
Balzac, H. (1837–43) *Illusions perdues*, Paris, Folio.
Brain, E.J. (1969) *Room at the Top*, Harmondsworth, Penguin.
Handke, P. (1976) *Die Linkshändige Frau*, Frankfurt, Suhrkamp.
Lawrence, D.H. (1969) *Sons and Lovers*, Harmondsworth, Penguin.
Lenz, S. (1973) *Deutschstunde*, Munich, Deutscher Taschenbuch Verlag.
Woolf, V. (1900) *To the Lighthouse*, Harmondsworth, Penguin.
Owen, U. (1983) *Fathers*, London, Virago Press.

OTHER USEFUL WORKS

Bourdieu, P. (1979) *La Distinction – critique sociale du jugement*, Paris, Editions de Minuit.
Bourdieu, P. (1982) *Ce que parler veut dire*, Paris, Fayard.
Dupeux, G. (1972) *La Société française 1789-1970*, Paris, A. Colin, Collection U, 6th edn.
Hoggart, R. (1957) *The Uses of literacy*. Harmondsworth, Penguin.
Noirel, G. (1986) *Les Ouvriers dans la société française xix°-xx° siècles,* Paris, Seuil.
Nouvelle histoire de la France contemporaine, vols 12–15, Paris, Seuil, 1975-1980.

LA PLACE

«Je hasarde une explication: écrire c'est le dernier recours
quand on a trahi.»*

JEAN GENET

J'ai passé les épreuves pratiques du Capes* dans un lycée de Lyon, à la Croix-Rousse. Un lycée neuf, avec des plantes vertes dans la partie réservée à l'administration et au corps enseignant, une bibliothèque au sol en moquette sable. J'ai attendu là qu'on vienne me chercher pour faire mon cours, objet de l'épreuve, devant l'inspecteur et deux assesseurs, des profs de lettres très confirmés. Une femme corrigeait des copies avec hauteur, sans hésiter. Il suffisait de franchir correctement l'heure suivante pour être autorisée à faire comme elle toute ma vie. Devant une classe de première, des matheux, j'ai expliqué vingt-cinq lignes – il fallait les numéroter – du *Père Goriot* de Balzac. «Vous les avez traînés, vos élèves», m'a reproché l'inspecteur ensuite, dans le bureau du proviseur. Il était assis entre les deux assesseurs, un homme et une femme myope avec des chaussures roses. Moi en face. Pendant un quart d'heure, il a mélangé critiques, éloges, conseils, et j'écoutais à peine, me demandant si tout cela signifiait que j'étais reçue. D'un seul coup, d'un même élan, ils se sont levés tous trois, l'air grave. Je me suis levée aussi, précipitamment. L'inspecteur m'a tendu la main. Puis, en me regardant bien en face: «Madame, je vous félicite.» Les autres ont répété «je vous félicite» et m'ont serré la main, mais la femme avec un sourire.

Je n'ai pas cessé de penser à cette cérémonie jusqu'à

51

l'arrêt de bus, avec colère et une espèce de honte. Le soir
même, j'ai écrit à mes parents que j'étais professeur
«titulaire». Ma mère m'a répondu qu'ils étaient très contents
pour moi.*

Mon père est mort* deux mois après, jour pour jour. Il
avait soixante-sept ans et tenait avec ma mère un café-
alimentation dans un quartier tranquille non loin de la gare, à
Y. . .* (Seine-Maritime). Il comptait se retirer dans un an.
Souvent, durant quelques secondes, je ne sais plus si la scène
du lycée de Lyon a eu lieu avant ou après, si le mois d'avril
venteux où je me vois attendre un bus à la Croix-Rousse doit
précéder ou suivre le mois de juin étouffant de sa mort.

C'était un dimanche, au début de l'après-midi.

Ma mère est apparue dans le haut de l'escalier. Elle se
tamponnait les yeux avec la serviette de table qu'elle avait
dû emporter avec elle en montant dans la chambre après le
déjeuner.* Elle a dit d'une voix neutre: «C'est fini.»* Je ne me
souviens pas des minutes qui ont suivi. Je revois seulement les
yeux de mon père fixant quelque chose derrière moi, loin, et
ses lèvres retroussées au-dessus des gencives. Je crois avoir
demandé à ma mère de lui fermer les yeux. Autour du lit, il y
avait aussi la soeur de ma mère et son mari. Ils se sont pro-
posés pour aider à la toilette, au rasage, parce qu'il fallait se
dépêcher avant que le corps ne se raidisse. Ma mère a pensé
qu'on pourrait le revêtir du costume qu'il avait étrenné pour
mon mariage trois ans avant. Toute cette scène se déroulait

très simplement, sans cris, ni sanglots, ma mère avait seulement les yeux rouges et un rictus continuel. Les gestes s'accomplissaient tranquillement, sans désordre, avec des paroles ordinaires. Mon oncle et ma tante répétaient «il a vraiment fait vite» ou «qu'il a changé». Ma mère s'adressait à mon père comme s'il était encore vivant, ou habité par une forme spéciale de vie, semblable à celle des nouveau-nés. Plusieurs fois, elle l'a appelé «mon pauvre petit père» avec affection.

Après le rasage, mon oncle a tiré le corps, l'a tenu levé pour qu'on lui enlève la chemise qu'il portait ces derniers jours et la remplacer par une propre. La tête retombait en avant, sur la poitrine nue couverte de marbrures. Pour la première fois de ma vie, j'ai vu le sexe de mon père. Ma mère l'a dissimulé rapidement avec les pans de la chemise propre, en riant un peu: «Cache ta misère, mon pauvre homme.»* La toilette finie, on a joint les mains de mon père autour d'un chapelet. Je ne sais plus si c'est ma mère ou ma tante qui a dit: «Il est plus gentil comme ça»,* c'est-à-dire net, convenable. J'ai fermé les persiennes et levé mon fils couché pour sa sieste dans la chambre à côté. «Grand-père fait dodo.»

Avertie par mon oncle, la famille qui vit à Y. . . . est venue. Ils montaient avec ma mère et moi, et restaient devant le lit, silencieux quelques instants, après quoi ils chuchotaient sur la maladie et la fin brutale de mon père. Quand ils étaient redescendus, nous leur offrions à boire dans le café.

Je ne me souviens pas du médecin de garde qui a constaté le décès. En quelques heures, la figure de mon père est devenue méconnaissable. Vers la fin de l'après-midi, je me suis trouvée seule dans la chambre. Le soleil glissait à travers les persiennes sur le linoléum. Ce n'était plus mon père. Le nez avait pris toute la place dans la figure creusée. Dans son costume bleu sombre lâche autour du corps, il ressemblait à un oiseau couché. Son visage d'homme aux yeux grands

ouverts et fixes de l'heure suivant sa mort avait déjà disparu.
Même celui-là, je ne le reverrais jamais.

On a commencé de prévoir l'inhumation, la classe des
pompes funèbres, la messe, les faire-part, les habits de deuil.
J'avais l'impression que ces préparatifs n'avaient pas de lien
avec mon père. Une cérémonie dont il serait absent pour une
raison quelconque. Ma mère était dans un état de grande
excitation et m'a confié que, la nuit d'avant, mon père avait
tâtonné vers elle pour l'embrasser, alors qu'il ne parlait
déjà plus. Elle a ajouté: «Il était beau garçon, tu sais, étant
jeune.»

L'odeur est arrivée le lundi. Je ne l'avais pas imaginée.
Relent doux puis terrible de fleurs oubliées dans un vase
d'eau croupie.

Ma mère n'a fermé le commerce que pour l'enterrement.
Sinon, elle aurait perdu des clients et elle ne pouvait pas se le
permettre. Mon père décédé reposait en haut et elle servait
des pastis et des rouges en bas. Larmes, silence et dignité, tel
est le comportement qu'on doit avoir à la mort d'un proche,
dans une vision distinguée du monde. Ma mère, comme le
voisinage, obéissait à des règles de savoir-vivre où le souci de
dignité n'a rien à voir. Entre la mort de mon père le
dimanche et l'inhumation le mercredi, chaque habitué,
sitôt assis, commentait l'événement d'une façon laconique,
à voix basse: «Il a drôlement fait vite...», ou faussement
joviale: «Alors il s'est laissé aller le patron!» Ils faisaient part
de leur émotion quand ils avaient appris la nouvelle, «j'ai été
retourné», «je ne sais pas ce que ça m'a fait». Ils voulaient
manifester ainsi à ma mère qu'elle n'était pas seule dans
sa douleur, une forme de politesse. Beaucoup se rappelaient
la dernière fois qu'ils l'avaient vu en bonne santé, recher-
chant tous les détails de cette dernière rencontre, le lieu
exact, le jour, le temps qu'il faisait, les paroles échangées.
Cette évocation minutieuse d'un moment où la vie allait de

soi servait à exprimer tout ce que la mort de mon père avait de choquant pour la raison. C'est aussi par politesse qu'ils voulaient voir le patron. Ma mère n'a pas accédé toutefois à toutes les demandes. Elle triait les bons, animés d'une sympathie véritable, des mauvais poussés par la curiosité. A peu près tous les habitués du café ont eu l'autorisation de dire au revoir à mon père. L'épouse d'un entrepreneur voisin a été refoulée parce qu'il n'avait jamais pu la sentir de son vivant, elle et sa bouche en cul de poule.

Les pompes funèbres sont venues le lundi. L'escalier qui monte de la cuisine aux chambres s'est révélé trop étroit pour le passage du cercueil. Le corps a dû être enveloppé dans un sac de plastique et traîné, plus que transporté, sur les marches, jusqu'au cercueil posé au milieu du café fermé pour une heure.* Une descente très longue, avec les commentaires des employés sur la meilleure façon de s'y prendre, pivoter dans le tournant, etc.

Il y avait un trou dans l'oreiller sur lequel sa tête avait reposé depuis dimanche. Tant que le corps était là, nous n'avions pas fait le ménage de la chambre. Les vêtements de mon père étaient encore sur la chaise. De la poche à fermeture éclair de la salopette, j'ai retiré une liasse de billets, la recette du mercredi précédent. J'ai jeté les médicaments et porté les vêtements au sale.

La veille de l'inhumation, on a fait cuire une pièce de veau pour le repas qui suivrait la cérémonie. Il aurait été indélicat de renvoyer le ventre vide les gens qui vous font l'honneur d'assister aux obsèques. Mon mari est arrivé le soir, bronzé, gêné par un deuil qui n'était pas le sien. Plus que jamais, il a paru déplacé ici.* On a dormi dans le seul lit à deux places, celui où mon père était mort.*

Beaucoup de gens du quartier à l'église, les femmes qui ne travaillent pas, des ouvriers qui avaient pris une heure. Naturellement, aucune de ces personnes «haut placées» auxquelles mon père avait eu affaire pendant sa vie ne s'était dérangée, ni d'autres commerçants. Il ne faisait partie de

rien, payant juste sa cotisation à l'union commerciale, sans
participer à quoi que ce soit. Dans l'éloge funèbre, l'archiprêtre a parlé d'une «vie d'honnêteté, de travail», «un
homme qui n'a jamais fait de tort à personne».

Il y a eu le serrement des mains. Par une erreur du
sacristain dirigeant l'opération – à moins qu'il n'ait imag-
iné ce moyen d'un tour supplémentaire pour grossir le
nombre des assistants – les mêmes gens qui nous avaient
serré la main sont repassés. Une ronde cette fois rapide et
sans condoléances. Au cimetière, quand le cercueil est
descendu en oscillant entre les cordes, ma mère a éclaté en
sanglots, comme le jour de mon mariage, à la messe.

Le repas d'inhumation s'est tenu dans le café, sur les
tables mises bout à bout. Après un début silencieux, les
conversations se sont mises en train. L'enfant, réveillé
d'une bonne sieste, allait des uns aux autres en offrant une
fleur, des cailloux, tout ce qu'il trouvait dans le jardin. Le
frère de mon père, assez loin de moi, s'est penché pour me
voir et me lancer: «Te rappelles-tu quand ton père te conduisait sur son vélo à l'école?» Il avait la même voix que mon
père. Vers cinq heures, les invités sont partis. On a rangé
les tables sans parler. Mon mari a repris le train le soir même.
Je suis restée quelques jours avec ma mère pour les
démarches et formalités courantes après un décès. Inscrip-
tion sur le livret de famille* à la mairie, paiement des pompes
funèbres, réponses aux faire-part. Nouvelles cartes de visite,
madame *veuve* A . . . D . . . Une période blanche, sans
pensées. Plusieurs fois, en marchant dans les rues, «je suis
une grande personne» (ma mère, autrefois, «tu es une grande
fille» à cause des règles).
On a réuni les vêtements de mon père pour les distribuer
à des gens qui en auraient besoin. Dans son veston de tous les
jours, accroché dans le cellier, j'ai trouvé son portefeuille.
Dedans, il y avait un peu d'argent, le permis de conduire et,
dans la partie qui se replie, une photo glissée à l'intérieur

d'une coupure de journal. La photo, ancienne, avec des bords dentelés, montrait un groupe d'ouvriers alignés sur trois rangs, regardant l'objectif, tous en casquette. Photo typique des livres d'histoire pour «illustrer» une grève ou le Front populaire. J'ai reconnu mon père au dernier rang, l'air sérieux, presque inquiet. Beaucoup rient. La coupure de journal donnait les résultats, par ordre de mérite, du concours d'entrée des bachelières à l'école normale d'institutrices.* Le deuxième nom, c'était moi.

Ma mère est redevenue calme. Elle servait les clients comme avant. Seule, ses traits s'affaissaient. Chaque matin, tôt, avant l'ouverture du commerce, elle a pris l'habitude d'aller au cimetière.

Dans le train du retour, le dimanche, j'essayais d'amuser mon fils pour qu'il se tienne tranquille, les voyageurs de première* n'aiment pas le bruit et les enfants qui bougent. D'un seul coup, avec stupeur, «maintenant, je suis vraiment une bourgeoise» et «il est trop tard».

Plus tard, au cours de l'été, en attendant mon premier poste, «il faudra que j'explique tout cela». Je voulais dire, écrire au sujet de mon père, sa vie, et cette distance venue à l'adolescence entre lui et moi. Une distance de classe, mais particulière, qui n'a pas de nom. Comme de l'amour séparé.

Par la suite, j'ai commencé un roman dont il était le personnage principal.* Sensation de dégoût au milieu du récit.

Depuis peu, je sais que le roman est impossible.* Pour rendre compte d'une vie soumise à la nécessité, je n'ai pas le droit de prendre d'abord le parti de l'art, ni de chercher à faire quelque chose de «passionnant», ou d'«émouvant». Je rassemblerai les paroles, les gestes, les goûts de mon père, les faits marquants de sa vie, tous les signes objectifs d'une existence que j'ai aussi partagée.

Aucune poésie du souvenir, pas de dérision jubilante. L'écriture plate me vient naturellement, celle-là même que j'utilisais en écrivant autrefois à mes parents pour leur dire les nouvelles essentielles.

L'histoire commence* quelques mois avant le vingtième siècle, dans un village du pays de Caux,* à vingt-cinq kilomètres de la mer. Ceux qui n'avaient pas de terre se *louaient** chez les gros fermiers de la région. Mon grand-père travaillait donc dans une ferme comme charretier. L'été, il faisait aussi les foins, la moisson. Il n'a rien fait d'autre de toute sa vie, dès l'âge de huit ans. Le samedi soir, il rapportait à sa femme toute sa paye et elle lui donnait son dimanche pour qu'il aille jouer aux dominos, boire son petit verre. Il rentrait saoul, encore plus sombre. Pour un rien, il distribuait des coups de casquette aux enfants. C'était un homme dur, personne n'osait lui chercher des noises. Sa femme *ne riait pas tous les jours*. Cette méchanceté était son ressort vital, sa force pour résister à la misère et croire qu'il était un homme. Ce qui le rendait violent, surtout, c'était de voir chez lui quelqu'un de la famille plongé dans un livre ou un journal. Il n'avait pas eu le temps d'apprendre à lire et à écrire. Compter, il savait.

Je n'ai vu qu'une seule fois mon grand-père, à l'hospice où il devait mourir trois mois après. Mon père m'a menée par la main à travers deux rangées de lits, dans une salle immense, vers un très petit vieux à la belle chevelure blanche et bouclée. Il riait tout le temps en me regardant, plein de gentillesse. Mon père* lui avait glissé un quart d'eau-de-vie, qu'il avait enfoui sous ses draps.

Chaque fois qu'on m'a parlé de lui, cela commençait par «il ne savait ni lire ni écrire», comme si sa vie et son caractère ne se comprenaient pas sans cette donnée initiale. Ma grand-mère, elle, avait appris à l'école des sœurs. Comme les autres femmes du village, elle tissait chez elle pour le compte d'une fabrique de Rouen, dans une pièce sans air recevant un jour étroit d'ouvertures allongées, à peine plus larges que des meurtrières. Les étoffes ne devaient pas être abîmées par la lumière. Elle était propre sur elle et dans son ménage, qualité la plus importante au village, où les voisins surveillaient la blancheur et l'état du linge en train de sécher sur la corde et savaient si le seau de nuit était vidé tous les jours. Bien que les maisons soient isolées les unes des autres par des haies et des talus, rien n'échappait au regard des gens, ni l'heure à laquelle l'homme était rentré du bistrot, ni la semaine où les serviettes hygiéniques* auraient dû se balancer au vent.

Ma grand-mère avait même de la distinction, aux fêtes elle portait un faux cul* en carton et elle ne pissait pas debout sous ses jupes comme la plupart des femmes de la campagne, par commodité. Vers la quarantaine, après cinq enfants, les idées noires lui sont venues, elle cessait de parler durant des jours. Plus tard, des rhumatismes aux mains et aux jambes. Pour guérir, elle allait voir saint Riquier, saint Guillaume du Désert, frottait la statue avec un linge qu'elle s'appliquait sur les parties malades. Progressivement elle a cessé de marcher. On louait une voiture à cheval pour la conduire aux saints.

Ils habitaient une maison basse, au toit de chaume, au sol en terre battue. Il suffit d'arroser avant de balayer. Ils vivaient des produits du jardin et du poulailler, du beurre et de la crème que le fermier cédait à mon grand-père. Des mois à l'avance ils pensaient aux noces et aux communions, ils y arrivaient le ventre creux de trois jours pour mieux profiter. Un enfant du village, en convalescence d'une scarlatine, est mort étouffé sous les vomissements des morceaux de volaille dont on l'avait gavé. Les dimanches d'été, ils allaient aux «assemblées», où l'on jouait et dansait. Un jour, mon père, en haut du mât de cocagne, a glissé sans avoir décroché le panier de victuailles. La colère de mon grand-père dura des heures. «*Espèce de grand piot*» (nom du dindon en normand).

Le signe de croix sur le pain, la messe, les pâques. Comme la propreté, la religion leur donnait la dignité. Ils s'habillaient en dimanche, chantaient le Credo en même temps que les gros fermiers, mettaient des sous dans le plat. Mon père était enfant de chœur, il aimait accompagner le curé porter le viatique. Tous les hommes se découvraient sur leur passage.

Les enfants avaient toujours des vers. Pour les chasser, on cousait à l'intérieur de la chemise, près du nombril, une petite bourse remplie d'ail. L'hiver, du coton dans les oreilles. Quand je lis Proust ou Mauriac,* je ne crois pas qu'ils évoquent le temps où mon père était enfant. Son cadre à lui c'est le Moyen Âge.

Il faisait deux kilomètres à pied pour atteindre l'école. Chaque lundi, l'instituteur inspectait les ongles, le haut du tricot de corps, les cheveux à cause de la vermine. Il enseignait durement, la règle de fer sur les doigts, *respecté*. Certains de ses élèves parvenaient au certificat* dans les premiers du canton, un ou deux à l'école normale d'instituteurs. Mon père manquait la classe, à cause des pommes à ramasser, du foin, de la paille à botteler, de tout ce qui se sème et se récolte. Quand il revenait à l'école, avec son frère aîné, le maître hurlait «Vos parents veulent donc que vous soyez misérables comme eux!». Il a réussi à savoir lire et écrire sans faute. Il aimait apprendre. (On disait apprendre tout court, comme boire ou manger.) Dessiner aussi, des têtes, les animaux. A douze ans, il se trouvait dans la classe du certificat. Mon grand-père l'a retiré de l'école pour le placer dans la même ferme que lui. On ne pouvait plus le nourrir à rien faire. «On n'y pensait pas, c'était pour tout le monde pareil.»

Le livre de lecture de mon père s'appelait *Le tour de la France par deux enfants*.* On y lit des phrases étranges, comme:

Apprendre à toujours être heureux de notre sort (p. 186 de la 326ᵉ édition).

Ce qu'il y a de plus beau au monde, c'est la charité du pauvre (p. 11).

Une famille unie par l'affection possède la meilleure des richesses (p. 260).

Ce qu'il y a de plus heureux dans la richesse, c'est qu'elle permet de soulager la misère d'autrui (p. 130).

Le sublime à l'usage des enfants pauvres donne ceci:

L'homme actif ne perd pas une minute, et, à la fin de la journée, il se trouve que chaque heure lui a apporté quelque chose. Le négligent, au contraire, remet toujours la peine à un autre moment; il s'endort et s'oublie partout, aussi bien au lit qu'à la table et à la conversation; le jour arrive à sa fin, il n'a rien fait; les mois et les années s'écoulent, la vieillesse vient, il en est encore au même point.

C'est le seul livre dont il a gardé le souvenir, «ça nous paraissait réel».

Il s'est mis à traire les vaches le matin à cinq heures, à vider les écuries, panser les chevaux, traire les vaches le soir. En échange, blanchi, nourri, logé, un peu d'argent. Il couchait au-dessus de l'étable, une paillasse sans draps. Les bêtes rêvent, toute la nuit tapent le sol. Il pensait à la maison de ses parents, un lieu maintenant interdit. L'une de ses sœurs, bonne à tout faire, apparaissait parfois à la barrière, avec son baluchon, muette. Le grand-père jurait,

elle ne savait pas dire pourquoi elle s'était encore une fois
sauvée de sa place. Le soir même, il la reconduisait chez ses
patrons, en lui faisant honte.

Mon père était gai de caractère, joueur, toujours prêt à
raconter des histoires, faire des farces. Il n'y avait personne
de son âge à la ferme. Le dimanche, il servait la messe avec
son frère, vacher comme lui. Il fréquentait les «assemblées»,
dansait, retrouvait les copains d'école. *On était heureux
quand même. Il fallait bien.*

Il est resté gars de ferme jusqu'au régiment.* Les heures
de travail ne se comptaient pas. Les fermiers rognaient sur la
nourriture. Un jour, la tranche de viande servie dans l'assiette d'un vieux vacher a ondulé doucement, dessous elle
était pleine de vers. Le supportable venait d'être dépassé.
Le vieux s'est levé, réclamant qu'ils ne soient plus traités
comme des chiens. La viande a été changée. Ce n'est pas le
*Cuirassé Potemkine.**

Des vaches du matin à celles du soir, le crachin d'octobre,
les rasières de pommes qu'on bascule au pressoir, la fiente
des poulaillers ramassée à larges pelles, avoir chaud et soif.
Mais aussi la galette des rois, l'almanach Vermot,* les
châtaignes grillées, Mardi gras t'en va pas nous ferons des
crêpes, le cidre bouché et les grenouilles pétées avec une
paille. Ce serait facile de faire quelque chose dans ce genre.*
L'éternel retour des saisons, les joies simples et le silence des
champs. Mon père travaillait la terre des autres, il n'en a pas
vu la beauté, la splendeur de la Terre-Mère et autres mythes
lui ont échappé.

A la guerre 14, il n'est plus demeuré dans les fermes que les
jeunes comme mon père et les vieux. On les ménageait. Il
suivait l'avance des armées sur une carte accrochée dans la
cuisine, découvrait les journaux polissons et allait au
cinéma à Y. . . Tout le monde lisait à haute voix le texte sous
l'image, beaucoup n'avaient pas le temps d'arriver au bout.

Il disait les mots d'argot rapportés par son frère en permission. Les femmes du village surveillaient tous les mois la lessive de celles dont le mari était au front, pour vérifier s'il ne manquait rien, aucune pièce de linge.

La guerre a secoué le temps. Au village, on jouait au yoyo et on buvait du vin dans les cafés au lieu de cidre. Dans les bals, les filles aimaient de moins en moins les gars de ferme, qui portaient toujours une odeur sur eux.*

Par le régiment mon père est entré dans le monde. Paris, le métro, une ville de Lorraine, un uniforme qui les faisait tous égaux, des compagnons venus de partout, la caserne plus grande qu'un château. Il eut le droit d'échanger là ses dents rongées par le cidre contre un appareil. Il se faisait prendre en photo souvent.

Au retour, il n'a plus voulu retourner dans la culture. Il a toujours appelé ainsi le travail de la terre, l'autre sens de culture, le spirituel, lui était inutile.

Naturellement, pas d'autre choix que l'usine. Au sortir de la guerre, Y. . . commençait à s'industrialiser. Mon père est entré dans une corderie qui embauchait garçons et filles dès l'âge de treize ans. C'était un travail propre, à l'abri des intempéries. Il y avait des toilettes et des vestiaires séparés pour chaque sexe, des horaires fixes. Après la sirène, le soir, il était libre et il ne sentait plus sur lui la laiterie. Sorti du premier cercle. A Rouen ou au Havre, on trouvait des emplois mieux payés, il lui aurait fallu quitter la famille, la mère crucifiée, affronter les malins de la ville. Il manquait de culot: huit ans de bêtes et de plaines.

Il était sérieux, c'est-à-dire, pour un ouvrier, ni feignant, ni buveur, ni noceur. Le cinéma et le charleston, mais pas le bistrot. Bien vu des chefs, ni syndicat ni politique.* Il s'était acheté un vélo, il mettait chaque semaine de l'argent de côté.

Ma mère a dû apprécier tout cela quand elle l'a rencontré à la corderie, après avoir travaillé dans une fabrique de margarine. Il était grand, brun, des yeux bleus, se tenait très droit, il se «croyait» un peu. «Mon mari n'a jamais fait ouvrier.»

Elle avait perdu son père. Ma grand-mère tissait à domicile, faisait des lessives et du repassage pour finir d'élever les derniers de ses six enfants. Ma mère achetait le dimanche, avec ses soeurs, un cornet de miettes de gâteaux chez le pâtissier. Ils n'ont pu se fréquenter tout de suite, ma grand-mère ne voulait pas qu'on lui prenne ses filles trop tôt, à chaque fois, c'était les trois quarts d'une paye qui s'en allaient.

Les soeurs de mon père, employées de maison dans des familles bourgeoises ont regardé ma mère de haut.* Les filles d'usine étaient accusées de ne pas savoir faire leur lit, de courir. Au village, on lui a trouvé mauvais genre. Elle voulait copier la mode des journaux, s'était fait couper les cheveux parmi les premières, portait des robes courtes et se fardait les yeux, les ongles des mains. Elle riait fort. En réalité, jamais elle ne s'était laissé toucher dans les toilettes, tous les dimanches elle allait à la messe et elle avait ajouré elle-même ses draps, brodé son trousseau. C'était une ouvrière vive, répondeuse. Une de ses phrases favorites: «Je vaux bien ces gens-là.»

Sur la photo du mariage, on lui voit les genoux. Elle fixe durement l'objectif sous le voile qui lui enserre le front jusqu'au-dessus des yeux. Elle ressemble à Sarah Bernhardt. Mon père se tient debout à côté d'elle, une petite moustache et «le col à manger de la tarte».* Ils ne sourient ni l'un ni l'autre.

Elle a toujours eu honte de l'amour. Ils n'avaient pas de caresses ni de gestes tendres l'un pour l'autre. Devant moi, il l'embrassait d'un coup de tête brusque, comme par obligation, sur la joue. Il lui disait souvent des choses ordinaires mais en la regardant fixement, elle baissait les yeux et s'empêchait de rire. En grandissant, j'ai compris qu'il lui faisait des allusions sexuelles. Il fredonnait souvent *Parlez-moi d'amour*, elle chantait à bouleverser, aux repas de famille, *Voici mon corps pour vous aimer*.

Il avait appris la condition essentielle pour ne pas reproduire la misère des parents: ne pas *s'oublier* dans une femme.*

Ils ont loué un logement à Y. . ., dans un pâté de maisons longeant une rue passante et donnant de l'autre côté sur une cour commune. Deux pièces en bas, deux à l'étage. Pour ma mère surtout, le rêve réalisé de la «chambre en haut». Avec les économies de mon père, ils ont eu tout ce qu'il faut, une salle à manger, une chambre avec une armoire à glace. Une petite fille est née et ma mère est restée chez elle. Elle s'ennuyait. Mon père a trouvé une place mieux payée que la corderie, chez un couvreur.

C'est elle qui a eu l'idée, un jour où l'on a ramené mon père sans voix, tombé d'une charpente qu'il réparait, une forte commotion seulement. Prendre un commerce.* Ils se sont remis à économiser, beaucoup de pain et de charcuterie. Parmi tous les commerces possibles, ils ne pouvaient en choisir qu'un sans mise de fonds* importante et sans savoir-faire particulier, juste l'achat et la revente des marchandises. Un commerce pas cher parce qu'on y gagne peu. Le dimanche, ils sont allés voir à vélo les petits bistrots de quartier, les épiceries-merceries de campagne. Ils se renseignaient pour savoir s'il n'y avait pas de concurrent à proximité, ils avaient peur d'être roulés, de tout perdre pour finalement *retomber ouvriers*.*

L. . ., à trente kilomètres du Havre,* les brouillards y stagnent l'hiver toute la journée, surtout dans la partie la plus encaissée de la ville, au long de la rivière, la Vallée. Un ghetto ouvrier construit autour d'une usine textile, l'une des plus grosses de la région jusqu'aux années cinquante, appartenant à la famille Desgenetais, rachetée ensuite par Boussac.* Après l'école, les filles entraient au tissage, une crèche accueillait plus tard leurs enfants dès six heures du matin. Les trois quarts des hommes y travaillaient aussi. Au fond de la combe, l'unique café-épicerie de la Vallée. Le plafond était si bas qu'on le touchait à main levée. Des pièces sombres où il fallait de l'électricité en plein midi, une minuscule courette avec un cabinet qui se déversait directement dans la rivière. Ils n'étaient pas indifférents au décor, mais ils avaient *besoin de vivre*.

Ils ont acheté le fonds à crédit.*

Au début, le pays de Cocagne. Des rayons de nourritures et de boissons, des boîtes de pâté, des paquets de gâteaux. Étonnés aussi de gagner de l'argent maintenant avec une telle simplicité, un effort physique si réduit, commander, ranger, peser, le petit compte, merci au plaisir. Les premiers jours, au coup de sonnette, ils bondissaient ensemble dans la boutique, multipliaient les questions rituelles «et avec ça?». Ils s'amusaient, on les appelait patron, patronne.

Le doute est venu avec la première femme disant à voix basse, une fois ses commissions dans le sac, je suis un peu gênée en ce moment, est-ce que je peux payer samedi. Suivie d'une autre, d'une autre encore. L'ardoise ou le retour à l'usine. L'ardoise leur a paru la solution la moins pire.*

Pour faire face, surtout pas de désirs. Jamais d'apéritifs ou de bonnes boîtes sauf le dimanche. Obligés d'être en froid avec les frères et sœurs qu'ils avaient d'abord régalés pour montrer qu'ils avaient les moyens. Peur continuelle de *manger le fonds*.

Ces jours-là, en hiver souvent, j'arrivais essoufflée, affamée, de l'école. Rien n'était allumé chez nous. Ils étaient tous les deux dans la cuisine, lui, assis à la table, regardait par la fenêtre, ma mère debout près de la gazinière. Des épaisseurs de silence me tombaient dessus. Parfois, lui ou elle, «il va falloir vendre». Ce n'était plus la peine de commencer mes devoirs. Le monde allait *ailleurs*, à la Coop, au Familistère,* n'importe où. Le client qui poussait alors la porte innocemment paraissait une suprême dérision. Accueilli comme un chien, il payait pour tous ceux qui ne venaient pas. Le monde nous abandonnait.

Le café-épicerie de la Vallée ne rapportait pas plus qu'une paye d'ouvrier. Mon père a dû s'embaucher sur un chantier de construction de la basse Seine. Il travaillait dans l'eau avec des grandes bottes. On n'était pas obligé de savoir nager. Ma mère tenait seule le commerce dans la journée.

Mi-commerçant mi-ouvrier, des deux bords à la fois, voué donc à la solitude et à la méfiance. Il n'était pas syndiqué. Il avait peur des Croix-de-Feu* qui défilaient dans L . . . et des rouges qui lui prendraient son fonds. Il gardait ses idées pour lui. *Il n'en faut pas dans le commerce.*

Ils ont fait leur trou peu à peu, liés à la misère et à peine au-dessus d'elle. Le crédit leur attachait les familles nombreuses ouvrières, les plus démunies. Vivant sur le besoin des autres, mais avec compréhension, refusant rarement de «marquer sur le compte». Ils se sentaient toutefois le *droit de faire la leçon* aux imprévoyants ou de menacer l'enfant que sa mère envoyait exprès aux courses à sa place en fin de semaine, sans argent: «Dis à ta mère qu'elle tâche de me payer, sinon je ne la servirai plus.» Il ne sont plus ici du bord le plus humilié.

Elle était patronne à part entière, en blouse blanche. Lui gardait son bleu pour servir. Elle ne disait pas comme d'autres femmes «mon mari va me disputer si j'achète ça, si je vais là».

Elle lui *faisait la guerre* pour qu'il retourne à la messe, où il avait cessé d'aller au régiment, pour qu'il perde ses *mauvaises manières* (c'est-à-dire de paysan ou d'ouvrier). Il lui laissait le soin des commandes et du chiffre d'affaires. C'était une femme qui pouvait aller partout, autrement dit, franchir les barrières sociales. Il l'admirait, mais il se moquait d'elle quand elle disait «j'ai fait un vent».

Il est entré aux raffineries de pétrole Standard, dans l'estuaire de la Seine. Il faisait les quarts. Le jour, il n'arrivait pas à dormir à cause des clients. Il bouffissait, l'odeur de pétrole ne partait jamais, c'était en lui et elle le nourrissait. Il ne mangeait plus. Il gagnait beaucoup et il y avait de l'avenir. On promettait aux ouvriers une cité de toute beauté, avec salle de bains et cabinets à l'intérieur, un jardin.

Dans la Vallée, les brouillards d'automne persistaient toute la journée. Aux fortes pluies, la rivière inondait la maison. Pour venir à bout des rats d'eau, il a acheté une chienne à poil court qui leur brisait l'échine d'un coup de croc.

«Il y avait plus malheureux que nous.»

36,* le souvenir d'un rêve, l'étonnement d'un pouvoir qu'il n'avait pas soupçonné, et la certitude résignée qu'ils ne pouvaient le conserver.

Le café-épicerie ne fermait jamais. Il passait à servir ses congés payés. La famille rappliquait toujours, gobergée. Heureux qu'ils étaient d'offrir au beau-frère chaudronnier ou employé de chemin de fer le spectacle de la profusion. Dans leur dos, ils étaient traités de riches, l'injure.

Il ne buvait pas. Il cherchait à *tenir sa place*. Paraître plus commerçant qu'ouvrier. Aux raffineries, il est passé contremaître.

J'écris lentement.* En m'efforçant de révéler la trame significative d'une vie dans un ensemble de faits et de choix, j'ai l'impression de perdre au fur et à mesure la figure particulière de mon père. L'épure tend à prendre toute la place, l'idée à courir toute seule. Si au contraire je laisse glisser les images du souvenir, je le revois tel qu'il était, son rire, sa démarche, il me conduit par la main à la foire et les manèges me terrifient, tous les signes d'une condition partagée avec d'autres me deviennent indifférents. A chaque fois, je m'arrache du piège de l'individuel.*

Naturellement, aucun bonheur d'écrire, dans cette entreprise où je me tiens au plus près des mots et des phrases entendues, les soulignant parfois par des italiques. Non pour indiquer un double sens au lecteur et lui offrir le plaisir d'une complicité, que je refuse sous toutes ses formes, nostalgie, pathétique ou dérision. Simplement parce que ces mots et ces phrases disent les limites et la couleur du monde où vécut mon père, où j'ai vécu aussi. Et l'on n'y prenait jamais un mot pour un autre.

La petite fille est rentrée de classe un jour avec mal à la gorge. La fièvre ne baissait pas, c'était la diphtérie. Comme les autres enfants de la Vallée, elle n'était pas vaccinée. Mon père était aux raffineries quand elle est morte. A son retour, on l'a entendu hurler depuis le haut de la rue. Hébétude pendant des semaines, des accès de mélancolie ensuite, il restait sans parler, à regarder par la fenêtre, de sa place à table. Il se *frappait* pour un rien. Ma mère racontait en s'essuyant les yeux avec un chiffon sorti de sa blouse, «elle est morte à sept ans, comme une petite sainte».

Une photo prise dans la courette au bord de la rivière. Une chemise blanche aux manches retroussées, un pantalon sans doute en flanelle, les épaules tombantes, les bras légèrement arrondis. L'air mécontent, d'être surpris par l'objectif, peut-être, avant d'avoir pris la position. Il a quarante ans. Rien dans l'image pour rendre compte du malheur passé, ou de l'espérance. Juste les signes clairs du temps, un peu de ventre, les cheveux noirs qui se dégarnissent aux tempes, ceux, plus discrets, de la condition sociale, ces bras décollés du corps, les cabinets et la buanderie qu'un œil petit-bourgeois n'aurait pas choisis comme fond pour la photo.

En 1939 il n'a pas été appelé, trop vieux déjà. Les raffineries ont été incendiées par les Allemands et il est parti à bicyclette* sur les routes tandis qu'elle profitait d'une place dans une voiture, elle était enceinte de six mois. A Pont-Audemer* il a reçu des éclats d'obus au visage et il s'est fait soigner dans la seule pharmacie ouverte. Les bombardements continuaient. Il a retrouvé sa belle-mère et ses belles-sœurs avec leurs enfants et des paquets sur les marches de la basilique de Lisieux,* noire de réfugiés ainsi que l'esplanade par-devant. Ils croyaient être protégés. Quand les Allemands les ont rejoints, il est rentré à L. . . L'épicerie avait été pillée de fond en comble par ceux qui n'avaient pu partir. A son tour ma mère est revenue et je suis née dans le mois qui a suivi. A l'école, quand on ne comprenait pas un problème, on nous appelait des enfants de guerre.

Jusqu'au milieu des années cinquante, dans les repas de communion, les réveillons de Noël, l'épopée de cette époque sera récitée à plusieurs voix, reprise indéfiniment avec toujours les thèmes de la peur, de la faim, du froid pendant l'hiver 1942. *Il fallait bien vivre malgré tout.* Chaque semaine, mon père rapportait d'un entrepôt, à trente kilomètres de L. . ., dans une carriole attachée derrière son vélo, les marchandises que les grossistes ne livraient plus. Sous les bombardements incessants de 1944,

en cette partie de la Normandie, il a continué d'aller au
ravitaillement, quémandant des suppléments pour les
vieux, les familles nombreuses, tous ceux qui étaient au-
dessous du marché noir. Il fut considéré dans la Vallée
comme le héros du ravitaillement. Non pas choix, mais
nécessité. Ultérieurement, certitude d'avoir joué un rôle,
d'avoir vécu vraiment en ces années-là.*

Le dimanche, ils fermaient le commerce, se promenaient
dans les bois et pique-niquaient avec du flan sans œufs. Il me
portait sur ses épaules en chantant et sifflant. Aux alertes,
on se faufilait sous le billard du café avec la chienne. Sur tout
cela ensuite, le sentiment que «c'était la destinée». A la Lib-
ération, il m'a appris à chanter *La Marseillaise* en ajoutant à
la fin «tas de cochons» pour rimer avec «sillon». Comme les
gens autour, il était très gai. Quand on entendait un avion,
il m'emmenait par la main dans la rue et me disait de regarder
le ciel, l'oiseau: la guerre était finie.

Entraîné par l'espérance générale de 1945, il a décidé
de quitter la Vallée. J'étais souvent malade, le médecin
voulait m'envoyer en aérium. Ils ont vendu le fonds pour
retourner à Y . . . dont le climat venteux, l'absence de toute
rivière ou ruisseau leur paraissaient bons pour la santé. Le
camion de déménagement, à l'avant duquel nous étions
installés, est arrivé dans Y . . . au milieu de la foire
d'octobre. La ville avait été brûlée par les Allemands, les
baraques et les manèges s'élevaient entre les décombres.
Pendant trois mois, ils ont vécu dans un deux-pièces meublé
sans électricité, au sol de terre battue, prêté par un
membre de la famille. Aucun commerce correspondant à
leurs moyens n'était à vendre. Il s'est fait embaucher par la
ville au remblaiement des trous de bombe. Le soir, elle disait
en se tenant à la barre pour les torchons qui fait le tour des
vieilles cuisinières: «Quelle position.» Il ne répondait jamais.
L'après-midi, elle me promenait dans toute la ville. Le centre
seul avait été détruit, les magasins s'étaient installés dans
des maisons particulières. Mesure de la privation, une image:

un jour, il fait déjà noir, à l'étalage d'une petite fenêtre, la seule éclairée dans la rue, brillent des bonbons roses, ovales, poudrés de blanc, dans des sachets de cellophane. On n'y avait pas droit, il fallait des tickets.

Ils ont trouvé un fonds de café-épicerie-bois-charbons dans un quartier décentré, à mi-chemin de la gare et de l'hospice. C'est là qu'autrefois ma mère petite fille allait aux commissions. Une maison paysanne, modifiée par l'ajout d'une construction en brique rouge à un bout, avec une grande cour, un jardin et une demi-douzaine de bâtiments servant d'entrepôts. Au rez-de-chaussée, l'alimentation communiquait avec le café par une pièce minuscule où débouchait l'escalier pour les chambres et le grenier. Bien qu'elle soit devenue la cuisine, les clients ont toujours utilisé cette pièce comme passage entre l'épicerie et le café. Sur les marches de l'escalier, au bord des chambres, étaient stockés les produits redoutant l'humidité, café, sucre. Au rez-de-chaussée, il n'y avait aucun endroit personnel. Les cabinets étaient dans la cour. On vivait enfin *au bon air*.
    La vie d'ouvrier de mon père* s'arrête ici.

Il y avait plusieurs cafés proches du sien, mais pas d'autre alimentation dans un large rayon. Longtemps le centre est resté en ruine,* les belles épiceries d'avant-guerre campaient dans des baraquements jaunes. Personne pour leur *faire du tort*. (Cette expression, comme beaucoup d'autres, est inséparable de mon enfance, c'est par un effort de réflexion que j'arrive à la dépouiller de la menace qu'elle contenait alors.) La population du quartier, moins uniformément ouvrière qu'à L . . ., se composait d'artisans, d'employés du gaz, ou d'usines moyennes, de retraités du type «économiquement faibles». Davantage de distances entre les gens. Des pavillons en meulière isolés par des grilles côtoyant des pâtés de cinq ou six habitations sans étage avec cour commune. Partout des jardinets de légumes.

Un café d'habitués, buveurs réguliers d'avant ou d'après le travail, dont la place est sacrée, équipes de chantiers, quelques clients qui auraient pu, avec leur *situation*, choisir un établissement moins populaire, un officier de marine en retraite, un contrôleur de la sécurité sociale, des gens *pas fiers* donc. Clientèle du dimanche,* différente, familles entières pour l'apéro, grenadine aux enfants, vers onze heures. L'après-midi, les vieux de l'hospice libérés jusqu'à six heures, gais et bruyants, poussant la romance. Parfois, il fallait leur faire cuver rincettes et surincettes* dans un bâtiment de la cour, sur une couverture, avant de les renvoyer présentables aux bonnes sœurs. Le café du dimanche leur servait de famille. Conscience de mon père d'avoir une fonction sociale nécessaire, d'offrir un lieu de fête et de liberté à tous ceux dont il disait «ils n'ont pas toujours été comme ça» sans pouvoir expliquer clairement pourquoi ils étaient devenus comme ça. Mais évidemment un «assommoir»* pour ceux qui n'y auraient jamais mis les pieds. A la sortie de la fabrique voisine de sous-vêtements, les filles venaient arroser les anniversaires, les mariages, les départs. Elles prenaient dans l'épicerie des paquets de boudoirs, qu'elles trempaient dans le mousseux, et elles éclataient en bouquets de rires, pliées en deux au-dessus de la table.

Voie étroite, en écrivant, entre la réhabilitation d'un mode de vie considéré comme inférieur, et la dénonciation de l'aliénation qui l'accompagne.* Parce que ces façons de vivre étaient à nous, un bonheur même, mais aussi les barrières humiliantes de notre condition (conscience que «ce n'est pas assez bien chez nous»), je voudrais dire à la fois le bonheur et l'aliénation. Impression, bien plutôt, de tanguer d'un bord à l'autre de cette contradiction.

Alentour de la cinquantaine, encore la force de l'âge, la tête très droite, l'air soucieux, comme s'il craignait que la photo ne soit ratée, il porte un ensemble, pantalon foncé, veste claire sur une chemise et une cravate. Photo prise un dimanche, en semaine, il était en bleus. De toute façon, on prenait les photos le dimanche, plus de temps, et l'on était mieux habillé. Je figure à côté de lui, en robe à volants, les deux bras tendus sur le guidon de mon premier vélo, un pied à terre. Il a une main ballante, l'autre à sa ceinture. En fond, la porte ouverte du café, les fleurs sur le bord de la fenêtre, au-dessus de celle-ci la plaque de licence des débits de boisson. On se fait photographier avec ce qu'on est fier de posséder, le commerce, le vélo, plus tard la 4CV,* sur le toit de laquelle il appuie une main, faisant par ce geste remonter exagérément son veston. Il ne rit sur aucune photo.

Par rapport aux années de jeunesse, les trois-huit des raffineries,* les rats de la Vallée,* l'évidence du bonheur.

On avait tout *ce qu'il faut*, c'est-à-dire qu'on mangeait à notre faim (preuve, l'achat de viande à la boucherie quatre fois par semaine), on avait chaud dans la cuisine et le café, seules pièces où l'on vivait. Deux tenues, l'une pour le tous-les-jours, l'autre pour le dimanche (la première usée, on *dépassait* celle du dimanche au tous-les-jours). J'avais *deux* blouses d'école. *La gosse n'est privée de rien.* Au pension-nat, on ne pouvait pas dire que j'avais *moins bien que les autres*, j'avais *autant* que les filles de cultivateurs ou de pharmacien en poupées, gommes et taille-crayons, chaussures d'hiver fourrées, chapelet et missel vespéral romain.

Ils ont pu embellir la maison, supprimant ce qui rappelait l'ancien temps, les poutres apparentes, la cheminée, les tables en bois et les chaises de paille.* Avec son papier à fleurs, son comptoir peint et brillant, les tables et guéridons en simili-marbre, le café est devenu propre et gai. Du balatum à grands damiers jaunes et bruns a recouvert le parquet des chambres. La seule contrariété longtemps, la façade en colombage, à raies blanches et noires, dont le ravalement en crépi était au-dessus de leurs moyens. En passant, l'une de mes institutrices a dit une fois que la maison était jolie, une vraie maison normande. Mon père a cru qu'elle parlait ainsi par politesse. Ceux qui admiraient nos vieilles choses, la pompe à eau dans la cour, le colombage normand, voulaient sûrement nous empêcher de posséder ce qu'ils possédaient déjà, eux, de moderne, l'eau sur l'évier et un pavillon blanc.

Il a emprunté pour devenir propriétaire des murs et du terrain. Personne dans la famille ne l'avait jamais été.

Sous le bonheur, la crispation de l'aisance gagnée a l'arraché. *Je n'ai pas quatre bras. Même pas une minute pour aller au petit endroit. La grippe, moi, je la fais en marchant.* Etc. Chant quotidien.

Comment décrire la vision d'un monde où tout *coûte cher*. Il y a l'odeur de linge frais d'un matin d'octobre, la dernière chanson du poste qui bruit dans la tête. Soudain, ma robe s'accroche par la poche à la poignée du vélo, se déchire. Le drame, les cris, la journée est finie. «Cette gosse ne *compte* rien!»

Sacralisation obligée des choses. Et sous toutes les paroles, des uns et des autres, les miennes, soupçonner des envies et des comparaisons. Quand je disais, «il y a une fille qui a visité les châteaux de la Loire», aussitôt, fâchés, «Tu as bien le temps d'y aller. Sois heureuse avec ce que tu as». Un manque continuel, sans fond.*

Mais désirer pour désirer, car ne pas savoir au fond ce qui est beau, ce qu'il faudrait aimer. Mon père s'en est toujours remis aux conseils du peintre, du menuisier, pour les couleurs et les formes, *ce qui se fait*. Ignorer jusqu'à l'idée qu'on puisse s'entourer d'objets choisis un par un. Dans leur chambre, aucune décoration, juste des photos encadrées, des napperons fabriqués pour la fête des mères, et sur la cheminée, un grand buste d'enfant en céramique, que le marchand de meubles avait joint en prime pour l'achat d'un cosy-corner.

Leitmotiv, *il ne faut pas péter plus haut qu'on l'a.* *

La peur d'être *déplacé*, d'avoir honte. Un jour, il est monté par erreur en première avec un billet de seconde. Le contrôleur lui a fait payer le supplément. Autre souvenir de honte: chez le notaire, il a dû écrire le premier «lu et approuvé», il ne savait pas comment orthographier, il a choisi «à prouver». Gêne, obsession de cette faute, sur la route du retour. L'ombre de l'indignité.

Dans les films comiques de cette époque, on voyait beaucoup de héros naïfs et paysans se comporter de travers à la ville ou dans les milieux mondains (rôles de Bourvil).* On riait aux larmes des bêtises qu'ils disaient, des impairs qu'ils osaient commettre, et qui figuraient ceux qu'on craignait de commettre soi-même. Une fois, j'ai lu que Bécassine* en apprentissage, ayant à broder un oiseau sur un bavoir, et sur les autres *idem*, broda *idem* au point de bourdon. Je n'étais pas sûre que je n'aurais pas brodé *idem*.

Devant les personnes qu'il jugeait importantes, il avait une raideur timide, ne posant jamais aucune question. Bref, se comportant avec intelligence. Celle-ci consistait à percevoir notre infériorité et à la refuser en la cachant du mieux possible. Toute une soirée à nous demander ce que la directrice avait bien pu vouloir dire par: «Pour ce rôle, votre petite fille sera en *costume de ville.*» Honte d'ignorer ce qu'on aurait forcément su si nous n'avions pas été ce que nous étions, c'est-à-dire inférieurs.

Obsession: «*Qu'est-ce qu'on va penser de nous?*» (les voisins, les clients, tout le monde).

Règle: déjouer constamment le regard critique des autres, par la politesse, l'absence d'opinion, une attention minutieuse aux humeurs qui risquent de vous atteindre. Il ne regardait pas les légumes d'un jardin que le propriétaire était en train de bêcher, à moins d'y être convié par un signe, sourire ou petit mot. Jamais de visite, même à un malade en clinique, sans être invité. Aucune question où se dévoileraient une curiosité, une envie qui donnent barre à l'interlocuteur sur nous. Phrase interdite: «Combien vous avez payé ça?»

Je dis souvent «nous» maintenant, parce que j'ai longtemps pensé de cette façon et je ne sais pas quand j'ai cessé de le faire.

Le patois avait été l'unique langue de mes grands-parents.

Il se trouve des gens pour apprécier le «pittoresque du patois» et du français populaire. Ainsi Proust* relevait avec ravissement les incorrections et les mots anciens de Françoise. Seule l'esthétique lui importe parce que Françoise est sa bonne et non sa mère. Que lui-même n'a jamais senti ces tournures lui venir aux lèvres spontanément.

Pour mon père, le patois était quelque chose de vieux et de laid, un signe d'infériorité. Il était fier d'avoir pu s'en débarrasser en partie, même si son français n'était pas bon, c'était du français. Aux kermesses d'Y. . ., des forts en bagout, costumés à la normande, faisaient des sketches en patois, le public riait. Le journal local avait une chronique normande pour amuser les lecteurs. Quand le médecin ou n'importe qui de *haut placé* glissait une expression cauchoise dans la conversation comme «elle pète par la sente»* au lieu de «elle va bien», mon père répétait la phrase du docteur à ma mère avec satisfaction, heureux de croire que ces gens-là, pourtant si chics, avaient encore quelque chose de commun avec nous, une petite infériorité. Il était persuadé que cela leur avait échappé. Car il lui a toujours paru impossible que l'on puisse parler «bien» naturellement. Toubib ou curé, il fallait se forcer, s'écouter, quitte chez soi à se laisser aller.

Bavard au café, en famille, devant les gens qui parlaient bien il se taisait, ou il s'arrêtait au milieu d'une phrase, disant «n'est-ce pas» ou simplement «pas» avec un geste de la main pour inviter la personne à comprendre et à poursuivre à sa place. Toujours parler avec précaution, peur indicible du mot de travers, d'aussi mauvais effet que de lâcher un pet.

Mais il détestait aussi les grandes phrases et les expressions nouvelles qui ne «voulaient rien dire». Tout le monde à un moment disait: «Sûrement pas» à tout bout de champ, il ne comprenait pas qu'on dise deux mots se contredisant. A l'inverse de ma mère, soucieuse de faire évoluée,* qui osait expérimenter, avec un rien d'incertitude, ce qu'elle venait d'entendre ou de lire, il se refusait à employer un vocabulaire qui n'était pas le sien.

Enfant, quand je m'efforçais de m'exprimer dans un langage châtié, j'avais l'impression de me jeter dans le vide.

Une de mes frayeurs imaginaires, avoir un père instituteur qui m'aurait obligée à bien parler sans arrêt, en détachant les mots. On parlait avec toute la bouche.

Puisque la maîtresse me «reprenait», plus tard j'ai voulu reprendre mon père, lui annoncer que «se parterrer» ou «quart moins d'onze heures» n'*existaient pas*. Il est entré dans une violente colère. Une autre fois: «Comment voulez-vous que je ne me fasse pas reprendre, si vous parlez mal tout le temps!» Je pleurais. Il était malheureux. Tout ce qui touche au langage est dans mon souvenir motif de rancœur et de chicanes douloureuses, bien plus que l'argent.

Il était gai.

Il blaguait avec les clientes qui aimaient à rire. Grivoiseries à mots couverts. Scatologie. L'ironie, inconnue. Au poste, il prenait les émissions de chansonniers, les jeux. Toujours prêt à m'emmener au cirque, aux films *bêtes*, au feu d'artifice. A la foire, on montait dans le train fantôme, l'Himalaya, on entrait voir la femme la plus grosse du monde et le Lilliputien.

Il n'a jamais mis les pieds dans un musée. Il s'arrêtait devant un beau jardin, des arbres en fleurs, une ruche, regardait les filles bien en chair. Il admirait les constructions immenses, les grands travaux modernes (le pont de Tancarville).* Il aimait la musique de cirque, les promenades en voiture dans la campagne, c'est-à-dire qu'en parcourant des yeux les champs, les hêtrées, en écoutant l'orchestre de Bouglione,* il paraissait heureux. L'émotion qu'on éprouve en entendant un air, devant des paysages, n'était pas un sujet de conversation. Quand j'ai commencé à fréquenter la petite-bourgeoisie d'Y. . ., on me demandait d'abord mes goûts, le jazz ou la musique classique, Tati* ou René Clair,* cela suffisait à me faire comprendre que j'étais passée dans un autre monde.

Un été, il m'a emmenée trois jours dans la famille, au bord de la mer. Il marchait pieds nus dans des sandales, s'arrêtait à l'entrée des blockhaus,* buvait des demis à la terrasse des cafés et moi des sodas. Pour ma tante, il a tué un poulet qu'il tenait entre ses jambes, en lui enfonçant des ciseaux dans le bec, le sang gras dégouttait sur la terre du cellier. Ils restaient tous à table jusqu'au milieu de l'après-midi, à évoquer la guerre, les parents, à se passer des photos autour des tasses vides. «*On prendra bien le temps de mourir, marchez!*»

Peut-être une tendance profonde à ne pas s'en faire, malgré tout. Il s'inventa des occupations qui l'éloignaient du commerce. Un élevage de poules et de lapins, la construction de dépendances, d'un garage. La disposition de la cour s'est modifiée souvent au gré de ses désirs, les cabinets et le poulailler ont déménagé trois fois. Toujours l'envie de démolir et de reconstruire.

Ma mère: «C'est un homme de la campagne,* que voulez-vous.»

Il reconnaissait les oiseaux à leur chant et regardait le ciel chaque soir pour savoir le temps qu'il ferait, froid et sec s'il était rouge, pluie et vent quand la lune était dans l'eau, c'est-à-dire immergée dans les nuages. Tous les après-midi il filait à son jardin, toujours net. Avoir un jardin sale, aux légumes mal soignés indiquait un laisser-aller de mauvais aloi, comme se négliger sur sa personne ou trop boire. C'était perdre la notion du temps, celui où les espèces doivent se mettre en terre, le souci de ce que penseraient les autres. Parfois des ivrognes notoires se rachetaient par un beau jardin cultivé entre deux cuites. Quand mon père n'avait pas réussi des poireaux ou n'importe quoi d'autre, il y avait du désespoir en lui. A la tombée du jour, il vidait le seau de nuit dans la dernière rangée ouverte par la bêche, furieux s'il découvrait, en le déversant, des vieux bas et des stylos bille que j'y avais jetés, par paresse de descendre à la poubelle.
Pour manger, il ne se servait que de son Opinel.* Il coupait le pain en petits cubes, déposés près de son assiette pour y piquer des bouts de fromage, de charcuterie, et saucer. Me voir laisser de la nourriture dans l'assiette lui faisait deuil. On aurait pu ranger la sienne sans la laver. Le repas fini, il

essuyait son couteau contre son bleu. S'il avait mangé du hareng, il l'enfouissait dans la terre pour lui enlever l'odeur. Jusqu'à la fin des années cinquante, il a mangé de la soupe le matin,* après il s'est mis au café au lait, avec réticence, comme s'il sacrifiait à une délicatesse féminine. Il le buvait cuillère par cuillère, en aspirant, comme de la soupe. A cinq heures, il se faisait sa collation, des œufs, des radis, des pommes cuites et se contentait le soir d'un potage. La mayonnaise, les sauces compliquées, les gâteaux, le dégoûtaient.*

Il dormait toujours avec sa chemise et son tricot de corps. Pour se raser, trois fois par semaine, dans l'évier de la cuisine surmonté d'une glace, il déboutonnait son col, je voyais sa peau très blanche à partir du cou. Les salles de bains, signe de richesse, commençaient à se répandre après la guerre, ma mère a fait installer un cabinet de toilette à l'étage, il ne s'en est jamais servi, continuant de se débarbouiller dans la cuisine.
Dans la cour, l'hiver, il crachait et il éternuait avec plaisir.

Ce portrait, j'aurais pu le faire autrefois, en rédaction, à l'école, si la description de ce que je connaissais n'avait pas été interdite. Un jour, une fille, en classe de CM2,* a fait s'envoler son cahier par un splendide atchoum. La maîtresse au tableau s'est retournée: «Distingué, vraiment!»

Personne à Y. . ., dans les classes moyennes, commerçants du centre, employés de bureau, ne veut avoir l'air de «sortir de sa campagne». Faire paysan signifie qu'on n'est pas évolué, toujours en retard sur ce qui se fait, en vêtements, langage, allure. Anecdote qui plaisait beaucoup: un paysan, en visite chez son fils à la ville, s'assoit devant la machine à laver qui tourne, et reste là, pensif, à fixer le linge brassé derrière le hublot. A la fin, il se lève, hoche la tête et dit à sa belle-fille: «On dira ce qu'on voudra, la télévision c'est pas au point.»

Mais à Y . . ., on regardait moins les manières des gros cultivateurs qui débarquaient au marché dans des Vedette, puis des DS, maintenant des CX.* Le pire, c'était d'avoir les gestes et l'allure d'un paysan sans l'être.

Lui et ma mère s'adressaient continuellement la parole sur un ton de reproche, jusque dans le souci qu'ils avaient l'un de l'autre. «Mets ton cache-nez pour dehors!» ou «Reste donc assise un peu!», on aurait dit des injures. Ils chicanaient sans cesse pour savoir qui avait perdu la facture du limonadier, oublié d'éteindre dans la cave. Elle criait plus haut que lui parce que tout lui *tapait sur le système*, la livraison en retard, le casque trop chaud du coiffeur, les règles et les clients. Parfois: «Tu n'étais pas fait pour être commerçant» (comprendre: tu aurais dû rester ouvrier). Sous l'insulte, sortant de son calme habituel: «CARNE! J'aurais mieux fait de te laisser où tu étais.» Échange hebdomadaire: Zéro! - Cinglée!

Triste individu! - Vieille garce!

Etc. Sans aucune importance.*

On ne savait pas se parler entre nous autrement que d'une manière râleuse. Le ton poli réservé aux étrangers. Habitude si forte que, tâchant de s'exprimer comme il faut en compagnie de gens, mon père retrouvait pour m'interdire de grimper au tas de cailloux un ton brusque, son accent et des invectives normandes, détruisant le bon effet qu'il voulait donner. Il n'avait pas appris à me gronder en distingué et je n'aurais pas cru à la menace d'une gifle proférée sous une forme correcte.

La politesse entre parents et enfants m'est demeurée longtemps un mystère. J'ai mis aussi des années à «comprendre» l'extrême gentillesse* que des personnes bien éduquées manifestent dans leur simple bonjour. J'avais honte, je ne méritais pas tant d'égards, j'allais jusqu'à imaginer une sympathie particulière à mon endroit. Puis je me suis aperçue que ces questions posées avec l'air d'un intérêt pressant, ces sourires, n'avaient pas plus de sens que de manger bouche fermée ou de se moucher discrètement.

Le déchiffrement* de ces détails s'impose à moi maintenant, avec d'autant plus de nécessité que je les ai refoulés, sûre de leur insignifiance. Seule une mémoire humiliée avait pu me les faire conserver. Je me suis pliée au désir du monde où je vis, qui s'efforce de vous faire oublier les souvenirs du monde d'en bas comme si c'était quelque chose de mauvais goût.

Quand je faisais mes devoirs sur la table de la cuisine, le soir, il feuilletait mes livres, surtout l'histoire, la géographie, les sciences. Il aimait que je lui pose des colles.* Un jour, il a exigé que je lui fasse faire une dictée, pour me prouver qu'il avait une bonne orthographe. Il ne savait jamais dans quelle classe j'étais, il disait, «Elle est chez mademoiselle Untel». L'école, une institution religieuse voulue par ma mère, était pour lui un univers terrible qui, comme l'île de Laputa* dans *Les Voyages de Gulliver,* flottait au-dessus de moi pour diriger mes manières, tous mes gestes: «C'est du beau! Si la maîtresse te voyait!» ou encore: «J'irai voir ta maîtresse, elle te fera obéir!»

Il disait toujours *ton* école et il prononçait le pen-sion-nat, la chère Sœu-œur (nom de la directrice), en détachant, du bout des lèvres, dans une déférence affectée, comme si la prononciation normale de ces mots supposait, avec le lieu fermé qu'ils évoquent, une familiarité qu'il ne se sentait pas en droit de revendiquer. Il refusait d'aller aux fêtes de l'école, même quand je jouais un rôle. Ma mère s'indignait, «*il n'y a pas de raison pour que tu n'y ailles pas*». Lui, «mais tu sais bien que je vais jamais à *tout ça*».

Souvent, sérieux,* presque tragique: «Écoute bien à ton école!» Peur que cette faveur étrange du destin, mes bonnes notes, ne cesse d'un seul coup. Chaque composition réussie, plus tard chaque examen,* autant de *pris*, l'espérance que je serais *mieux que lui.*

A quel moment ce rêve a-t-il remplacé son propre rêve, avoué une fois, tenir un beau café au cœur de la ville, avec une terrasse, des clients de passage, une machine à café sur le comptoir. Manque de fonds, crainte de se lancer encore, résignation. *Que voulez-vous.*

Il ne sortira plus du monde coupé en deux du petit commerçant. D'un côté les bons, ceux qui se servent chez lui, de l'autre, les méchants, les plus nombreux, qui vont ailleurs, dans les magasins du centre reconstruits.* A ceux-là joindre le gouvernement soupçonné de vouloir notre mort en favorisant les *gros.* Même dans les bons clients, une ligne de partage, les bons, qui prennent toutes leurs commissions à la boutique, les mauvais, venant nous faire injure en achetant le litre d'huile qu'ils ont oublié de rapporter d'en ville. Et des bons, encore se méfier, toujours prêts aux infidélités, persuadés qu'on les vole. Le monde entier ligué. Haine et servilité, haine de sa servilité. Au fond de lui, l'espérance de tout commerçant, être seul dans une ville à vendre sa marchandise. On allait chercher le pain à un kilomètre de la maison parce que le boulanger d'à côté ne nous achetait rien.

Il a voté Poujade,* comme un bon tour à jouer, sans conviction, et trop «grande gueule» pour lui.

Mais il n'était pas *malheureux.* La salle de café toujours tiède, la radio en fond, le défilé des habitués de sept heures du matin à neuf heures du soir, avec les mots d'entrée rituels, comme les réponses. «Bonjour tout le monde – Bonjour tout seul.» Conversations, la pluie, les maladies, les morts, l'embauche, la sécheresse. Constatation des choses, chant alterné de l'évidence, avec, pour égayer, les plaisanteries rodées,* *c'est le tort chez moi, à demain chef, à deux pieds.* Cendrier vidé, coup de lavette à la table, de torchon à la chaise.

Entre deux, prendre la place de ma mère à l'épicerie, sans plaisir, préférant la vie du café, ou peut-être ne préférant rien, que le jardinage et la construction de bâtiments à sa guise. Le parfum des troènes en fleur à la fin du printemps, les aboiements clairs des chiens en novembre, les trains qu'on entend, signe de froid, oui, sans doute, tout ce qui fait dire au monde qui dirige, domine, écrit dans les journaux, «ces gens-là sont *tout de même* heureux».

Le dimanche, lavage du corps, un bout de messe, parties de dominos ou promenade en voiture l'après-midi. Lundi, sortir la poubelle, mercredi le voyageur des spiritueux, jeudi, de l'alimentation, etc. L'été, ils fermaient le commerce un jour entier pour aller chez des amis, un employé du chemin de fer, et un autre jour ils se rendaient en pèlerinage à Lisieux. Le matin, visite du Carmel, du diorama, de la basilique, restaurant. L'après-midi, les Buissonnets et Trouville-Deauville.* Il se trempait les pieds, jambes de pantalon relevées, avec ma mère qui remontait un peu ses jupes. Ils ont cessé de le faire parce que ce n'était plus à la mode.

Chaque dimanche, manger quelque chose de bon.

La même vie désormais, pour lui. Mais la certitude qu'*on ne peut pas être plus heureux qu'on est.*

Ce dimanche-là, il avait fait la sieste. Il passe devant la lucarne du grenier. Tient à la main un livre qu'il va remettre dans une caisse laissée en dépôt chez nous par l'officier de marine. Un petit rire en m'apercevant dans la cour. C'est un livre obscène.

Une photo de moi, prise seule, au-dehors, avec à ma droite
la rangée de remises, les anciennes accolées aux neuves.
Sans doute n'ai-je pas encore de notions esthétiques. Je sais
toutefois paraître à mon avantage: tournée de trois quarts
pour estomper les hanches moulées dans une jupe étroite;
faire ressortir la poitrine, une mèche de cheveux balayant le
front. Je souris pour me faire l'air doux. J'ai seize ans. Dans
le bas, l'ombre portée du buste de mon père qui a pris la
photo.

Je travaillais mes cours,* j'écoutais des disques, je lisais,
toujours dans ma chambre. Je n'en descendais que pour me
mettre à table. On mangeait sans parler. Je ne riais jamais à la
maison. Je faisais de «l'ironie». C'est le temps où tout ce qui
me touche de près m'est étranger. J'émigre* doucement
vers le monde petit-bourgeois, admise dans ces surboums
dont la seule condition d'accès, mais si difficile, consiste à ne
pas être *cucul*. Tout ce que j'aimais me semble *péquenot*,
Luis Mariano,* les romans de Marie-Anne Desmarets,
Daniel Gray,* le rouge à lèvres et la poupée gagnée à la foire
qui étale sa robe de paillettes sur mon lit. Même les idées de
mon milieu me paraissent ridicules, des *préjugés*, par
exemple, «la police, il en faut» ou «on est pas un homme tant
qu'on n'a pas fait son service». L'univers pour moi s'est
retourné.

Je lisais la «vraie» littérature, et je recopiais des phrases, des
vers, qui, je croyais, exprimaient mon «âme», l'indicible de
ma vie, comme «Le bonheur est un dieu qui marche les mains
vides» . . . (Henri de Régnier).*

Mon père est entré dans la catégorie des *gens simples* ou
modestes ou *braves gens*. Il n'osait plus me raconter des
histoires de son enfance. Je ne lui parlais plus de mes études.
Sauf le latin, parce qu'il avait servi la messe, elles lui étaient
incompréhensibles et il refusait de faire mine de s'y inté-
resser, à la différence de ma mère. Il se fâchait quand je me
plaignais du travail ou critiquais les cours.* Le mot «prof» lui
déplaisait, ou «dirlo»,* même «bouquin». Et toujours la peur
OU PEUT-ÊTRE LE DÉSIR que je n'y arrive pas.*

Il s'énervait de me voir à longueur de journée dans les livres, mettant sur leur compte mon visage fermé et ma mauvaise humeur. La lumière sous la porte de ma chambre le soir lui faisait dire que je m'usais la santé. Les études, une souffrance obligée pour obtenir une bonne situation et *ne pas prendre un ouvrier*.* Mais que j'aime me casser la tête lui paraissait suspect. Une absence de vie à la fleur de l'âge. Il avait parfois l'air de penser que j'étais malheureuse.

Devant la famille, les clients, de la gêne, presque de la honte que je ne gagne pas encore ma vie à dix-sept ans, autour de nous toutes les filles de cet âge allaient au bureau, à l'usine ou servaient derrière le comptoir de leurs parents. Il craignait qu'on ne me prenne pour une paresseuse et lui pour un crâneur. Comme une excuse: «On ne l'a jamais poussée, elle avait ça dans elle.» Il disait que j'apprenais bien, jamais que je travaillais bien. Travailler, c'était seulement travailler de ses mains.

Les études n'avaient pas pour lui de rapport avec la vie ordinaire. Il lavait la salade dans une seule eau, aussi restait-il souvent des limaces. Il a été scandalisé quand, forte des principes de désinfection reçus en troisième, j'ai proposé qu'on la lave dans plusieurs eaux. Une autre fois, sa stupéfaction a été sans bornes, de me voir parler anglais avec un auto-stoppeur qu'un client avait pris dans son camion. Que j'aie appris une langue étrangère en classe, sans aller dans le pays, le laissait incrédule.

A cette époque, il a commencé d'entrer dans des colères, rares, mais soulignées d'un rictus de haine. Une complicité me liait à ma mère.* Histoires de mal au ventre mensuel, de soutien-gorge à choisir, de produits de beauté. Elle m'emmenait faire des achats à Rouen, rue du Gros-Horloge,* et manger des gâteaux chez Périer, avec une petite fourchette. Elle cherchait à employer mes mots, flirt, être un crack, etc.

On n'avait pas besoin de lui.

La dispute éclatait à table pour un rien. Je croyais toujours avoir raison parce qu'il ne savait pas *discuter*. Je lui faisais des remarques sur sa façon de manger ou de parler. J'aurais eu honte de lui reprocher de ne pas pouvoir m'envoyer en vacances, j'étais sûre qu'il était légitime de vouloir le faire changer de manières. Il aurait peut-être préféré avoir une autre fille.

Un jour: «Les livres, la musique, c'est bon pour toi. Moi je n'en ai pas besoin pour *vivre*.»

Le reste du temps, il vivait patiemment. Quand je revenais de classe, il était assis dans la cuisine, tout près de la porte donnant sur le café, à lire *Paris-Normandie*,* le dos voûté, les bras allongés de chaque côté du journal étalé sur la table. Il levait la tête: «Tiens voilà la fille.

– Ce que j'ai faim!

– C'est une bonne maladie. Prends ce que tu veux.»

Heureux de me nourrir, au moins. On se disait les mêmes choses qu'autrefois, quand j'étais petite, rien d'autre.

Je pensais qu'il ne pouvait plus rien pour moi. Ses mots et ses idées n'avaient pas cours dans les salles de français ou de philo,* les séjours à canapé de velours rouge des amies de classe. L'été, par la fenêtre ouverte de ma chambre, j'entendais le bruit de sa bêche aplatissant régulièrement la terre retournée.

J'écris peut-être parce qu'on n'avait plus rien à se dire.*

A la place des ruines de notre arrivée, le centre de Y . . . offrait maintenant des petits immeubles crème, avec des commerces modernes qui restaient illuminés la nuit. Le samedi et le dimanche, tous les jeunes des environs tournaient dans les rues ou regardaient la télé dans les cafés. Les femmes du quartier remplissaient leur panier pour le dimanche dans les grandes alimentations du centre. Mon père avait enfin sa façade en crépi blanc, ses rampes de néon, déjà les cafetiers qui avaient du flair revenaient au colombage normand, aux fausses poutres et aux vieilles lampes. Soirs repliés à compter la recette. «On leur donnerait la marchandise qu'ils ne viendraient pas chez vous.» Chaque fois qu'un magasin nouveau s'ouvrait dans Y . . ., il allait faire un tour du côté, à vélo.

Ils sont arrivés à se maintenir. Le quartier s'est prolétarisé.* A la place des cadres moyens partis habiter les immeubles neufs avec salle de bains, des gens à petit budget, jeunes ménages ouvriers, familles nombreuses* en attente d'une H.L.M.* «Vous paierez demain, on est gens de revue.» Les petits vieux étaient morts, les suivants n'avaient plus la permission de rentrer saouls, mais une clientèle moins gaie, plus rapide et payante de buveurs occasionnels leur avait succédé. L'impression de tenir maintenant un débit de boissons convenable.

Il est venu me chercher à la fin d'une colonie de vacances où j'avais été monitrice. Ma mère a crié hou-hou de loin et je les ai aperçus. Mon père marchait voûté, baissant la tête à cause du soleil. Ses oreilles se détachaient, un peu rouges sans doute parce qu'il venait de se faire couper les cheveux. Sur le trottoir, devant la cathédrale, ils parlaient très fort en se chamaillant sur la direction à prendre pour le retour. Ils ressemblaient à tous ceux qui n'ont pas l'habitude de sortir. Dans la voiture, j'ai remarqué qu'il avait des taches jaunes près des yeux, sur les tempes. J'avais pour la première fois vécu loin de la maison, pendant deux mois, dans un monde jeune et libre. Mon père était vieux, crispé. Je ne me sentais plus le droit d'entrer à l'Université.*

Quelque chose d'indistinct, une gêne après les repas. Il prenait de la magnésie, redoutant d'appeler le médecin. A la radio, enfin, le spécialiste de Rouen lui a découvert un polype à l'estomac, qu'il fallait enlever rapidement. Ma mère lui reprochait sans cesse de se faire du souci pour rien. Culpabilité, en plus, de coûter cher. (Les commerçants ne profitaient pas encore de la sécurité sociale.*) Il disait, «c'est une tuile».

Après l'opération, il est resté le moins longtemps possible à la clinique et il s'est remis lentement à la maison. Ses forces étaient perdues. Sous peine d'une déchirure, il ne pouvait plus soulever de casiers, travailler au jardin plusieurs heures d'affilée. Désormais, spectacle de ma mère courant de la cave au magasin, soulevant les caisses de livraison et les sacs de patates, travaillant double. Il a perdu sa fierté à cinquante-neuf ans. «Je ne suis plus bon à rien.» Il s'adressait à ma mère. Plusieurs sens peut-être.*

Mais désir de reprendre le dessus, de s'habituer encore. Il s'est mis à chercher ses aises. Il s'écoutait. La nourriture est devenue une chose terrible, bénéfique ou maléfique suivant qu'elle passait bien ou lui *revenait en reproche*. Il reniflait le bifteck ou le merlan avant de les jeter dans la poêle. La vue de mes yaourts lui répugnait. Au café, dans les repas de famille, il racontait ses menus, discutait avec d'autres des soupes maison et des potages en sachet, etc. Aux alentours de la soixantaine, tout le monde autour avait ce sujet de conversation.

Il satisfaisait ses envies. Un cervelas, un cornet de crevettes grises. L'espérance du bonheur, évanouie souvent dès les premières bouchées. En même temps, feignant toujours de ne rien désirer, «je vais manger une *demi*-tranche de jambon», «donnez-m'en un *demi*-verre», continuellement. Des manies, maintenant, comme défaire le papier des gauloises, mauvais au goût, et les renrouler dans du Zig-Zag avec précaution.

Le dimanche, ils faisaient un tour en voiture pour ne pas *s'encroûter*, le long de la Seine, là où il avait travaillé autrefois, sur les jetées de Dieppe ou de Fécamp. Mains le long du corps, fermées, tournées vers l'extérieur, parfois jointes dans son dos. En se promenant, il n'a jamais su quoi faire de ses mains. Le soir, il attendait le souper en bâillant. «On est plus fatigué le dimanche que les autres jours.»

La politique, surtout, *comment ça va finir tout ça* (la guerre d'Algérie,* putsch des généraux, attentats de l'O.A.S.), familiarité complice avec *le grand Charles*.

Je suis entrée comme élève-maîtresse à l'école normale* de Rouen. J'y étais nourrie avec excès, blanchie, un homme à toutes mains réparait même les chaussures. Tout gratuitement. Il éprouvait une sorte de respect pour ce système de prise en charge absolue. L'État m'offrait d'emblée ma place dans le monde. Mon départ de l'école en cours d'année l'a désorienté. Il n'a pas compris que je quitte, pour une question de liberté, un endroit si sûr, où j'étais comme à l'engrais.

J'ai passé un long moment à Londres. Au loin, il devint certitude d'une tendresse abstraite. Je commençais à vivre pour moi seule. Ma mère m'écrivait un compte rendu du monde autour. Il fait froid par chez nous espérons que cela ne va pas durer. On est allés dimanche voir nos amis de Granville.* La mère X est morte soixante ans ce n'est pas vieux. Elle ne savait pas plaisanter par écrit, dans une langue et avec des tournures qui lui donnaient déjà de la peine. Écrire comme elle parlait aurait été plus difficile encore, elle n'a jamais appris à le faire. Mon père signait. Je leur répondais aussi dans le ton du constat. Ils auraient ressenti toute recherche de style comme une manière de les tenir à distance.

Je suis revenue, repartie. A Rouen, je faisais une licence de lettres. Ils se houspillaient moins, juste les remarques acrimonieuses connues, «on va encore manquer d'Orangina par ta faute», «qu'est-ce que tu peux bien lui raconter au curé à être toujours pendue à l'église», par habitude. Il avait encore des projets pour que le commerce et la maison aient bonne apparence, mais de moins en moins la perception des bouleversements qu'il aurait fallu pour attirer une nouvelle clientèle. Se contentant de celle que les blanches alimentations du centre effarouchaient, avec ce coup d'œil des vendeuses regardant *comment vous êtes habillé.* Plus d'ambition. Il s'était résigné à ce que son commerce ne soit qu'une survivance qui disparaîtrait avec lui.

Décidé maintenant *à profiter un peu de l'existence.* Il se levait plus tard, après ma mère, travaillait doucement au café, au jardin, lisait le journal d'un bout à l'autre, tenait de longues conversations avec tout le monde. La mort, allusivement, sous forme de maximes, on sait bien ce qui nous attend. A chaque fois que je rentrais à la maison, ma mère: «Ton père, regarde-le, c'est un coq en pâte!»

A la fin de l'été, en septembre, il attrape des guêpes sur la vitre de la cuisine avec son mouchoir et il les jette sur la plaque à feu continu du poêle allumé déjà. Elles meurent en se consumant avec des soubresauts.

Ni inquiétude, ni jubilation, il a pris son parti de me voir mener cette vie bizarre, irréelle: avoir vingt ans et plus, toujours sur les bancs de l'école. «Elle étudie pour être professeur.» De quoi, les clients ne demandaient pas, seul compte le titre, et il ne se souvenait jamais. «Lettres modernes»* ne lui parlait pas comme aurait pu le faire mathématiques ou espagnol. Craignant qu'on ne me juge toujours trop privilégiée, qu'on ne les imagine riches pour m'avoir ainsi poussée. Mais n'osant pas non plus avouer que j'étais boursière,* on aurait trouvé qu'ils avaient bien de la chance que l'État me paie à ne rien faire de mes dix doigts. Toujours cerné par l'envie et la jalousie, cela peut-être de plus clair dans sa condition. Parfois, je rentrais chez eux le dimanche matin après une nuit blanche, je dormais jusqu'au soir. Pas un mot, presque de l'approbation, une fille peut bien s'amuser *gentiment*, comme une preuve que j'étais tout de même normale. Ou bien une représentation idéale du monde intellectuel et bourgeois, opaque.* Quand une fille d'ouvrier se mariait enceinte, tout le quartier le savait.

Aux vacances d'été, j'invitais à Y . . . une ou deux copines de fac, des filles *sans préjugés* qui affirmaient «c'est le coeur qui compte». Car, à la manière de ceux qui veulent prévenir tout regard condescendant sur leur famille, j'annonçais: «Tu sais chez moi c'est *simple.*» Mon père était heureux d'accueillir ces jeunes filles si bien élevées, leur parlait beaucoup, par souci de politesse évitant de laisser tomber la conversation, s'intéressant vivement à tout ce qui concernait mes amies.* La composition des repas était source d'inquiétude, «est-ce que *mademoiselle* Geneviève aime les tomates?». Il se mettait en quatre. Quand la famille d'une de ces amies me recevait, j'étais admise à partager de façon naturelle un mode de vie que ma venue ne changeait pas. A entrer dans leur monde qui ne redoutait aucun regard étranger, et qui m'était ouvert parce que j'avais oublié les manières, les idées et les goûts du mien. En donnant un caractère de fête à ce qui, dans ces milieux, n'était qu'une visite banale, mon père voulait honorer mes amies et passer pour quelqu'un qui a du savoir-vivre. Il révélait surtout une infériorité qu'elles reconnaissaient malgré elles, en disant par exemple, «bonjour monsieur, comme ça va-*ti*?».*

Un jour, avec un regard fier: «Je ne t'ai jamais fait honte.»

A la fin d'un été, j'ai *amené à la maison* un étudiant de sciences politiques avec qui j'étais liée. Rite solennel consacrant le droit d'entrer dans une famille, effacé dans les milieux modernes, aisés, où les copains entraient et sortaient librement. Pour recevoir ce jeune homme, il a mis une cravate, échangé ses bleus contre un pantalon du dimanche. Il exultait, sûr de pouvoir considérer mon futur mari comme son fils, d'avoir avec lui, par-delà les différences d'instruction, une connivence d'hommes. Il lui a montré son jardin, le garage qu'il avait construit seul, de ses mains.* Offrande de ce qu'il savait faire, avec l'espoir que sa valeur serait reconnue de ce garçon qui aimait sa fille. A celui-ci, il suffisait d'être *bien élevé*, c'était la qualité que mes parents appréciaient le plus, elle leur apparaissait une conquête difficile. Ils n'ont pas cherché à savoir, comme ils l'auraient fait pour un ouvrier, s'il était courageux et ne buvait pas. Conviction profonde que le savoir et les bonnes manières étaient la marque d'une excellence intérieure, innée.

Quelque chose d'attendu depuis des années peut-être, un souci de moins. Sûr maintenant que je n'allais pas *prendre n'importe qui* ou devenir une *déséquilibrée*. Il a voulu que ses économies servent à aider le jeune ménage, désirant compenser par une générosité infinie l'écart de culture et de pouvoir qui le séparait de son gendre. «Nous, on n'a plus besoin de grand-chose.»

Au repas de mariage, dans un restaurant avec vue sur la Seine, il se tient la tête un peu en arrière, les deux mains sur sa serviette étalée sur les genoux et il sourit légèrement, dans le vague, comme tous les gens qui s'ennuient en attendant les plats.* Ce sourire veut dire aussi que tout, ici, aujourd'hui, est très bien.* Il porte un costume bleu à rayures, qu'il s'est fait faire sur mesures, une chemise blanche avec, pour la première fois, des boutons de manchette. Instantané de la mémoire. J'avais tourné la tête de ce côté au milieu de mes rires, certaine qu'il ne s'amusait pas.*

Après, il ne nous a plus vus que de loin en loin.

On habitait une ville touristique des Alpes,* ou mon mari
avait un poste administratif. On tendait les murs de toile de
jute, on offrait du whisky à l'apéritif, on écoutait le pano-
rama de musique ancienne à la radio.* Trois mots de politesse à la concierge. J'ai glissé dans cette moitié du monde
pour laquelle l'autre n'est qu'un décor. Ma mère écrivait,
vous pourriez venir vous reposer à la maison, n'osant pas
dire de venir les voir pour eux-mêmes. J'y allais seule,
taisant les vraies raisons de l'indifférence de leur gendre,
raisons indicibles, entre lui et moi, et que j'ai admises comme
allant de soi. Comment un homme né dans une bourgeoisie à
diplômes, constamment «ironique», aurait-il pu se plaire en
compagnie de *braves gens*, dont la gentillesse, reconnue
de lui, ne compenserait jamais à ses yeux ce manque essentiel:
une conversation spirituelle.* Dans sa famille, par exemple,
si l'on cassait un verre, quelqu'un s'écriait aussitôt, «n'y
touchez pas, il est brisé!» (Vers de Sully Prud'homme).*

C'est toujours elle qui m'attendait à la descente du train de
Paris, près de la barrière de sortie. Elle me prenait de force
ma valise, «elle est trop lourde pour toi, tu n'as pas
l'habitude». Dans l'épicerie, il y avait une personne ou deux,
qu'il cessait de servir une seconde pour m'embrasser avec
brusquerie. Je m'asseyais dans la cuisine, ils restaient
debout, elle à côté de l'escalier, lui dans l'encadrement de la
porte ouverte sur la salle de café. A cette heure-là, le soleil
illuminait les tables, les verres du comptoir, un client parfois
dans la coulée de lumière, à nous écouter. Au loin, j'avais
épuré mes parents de leurs gestes et de leurs paroles, des
corps glorieux.* J'entendais à nouveau leur façon de dire «a»
pour «elle»,* de parler fort. Je les retrouvais tels qu'ils avaient
toujours été, sans cette «sobriété» de maintien, ce langage
correct, qui me paraissaient maintenant naturels. Je me
sentais séparée de moi-même.*
Je sors de mon sac, le cadeau que je lui apporte. Il le
déballe avec plaisir. Un flacon d'after-shave. Gêne, rires, à

quoi ça sert? Puis, «je vais sentir la cocotte!». Mais il promet de s'en mettre. Scène ridicule du mauvais cadeau. Mon envie de pleurer comme autrefois «il ne changera donc jamais!».

On évoquait les gens du quartier, mariés, morts, partis de Y... Je décrivais l'appartement, le secrétaire Louis-Philippe, les fauteuils de velours rouge, la chaîne hi-fi. Très vite, il n'écoutait plus. Il m'avait élevée pour que je profite d'un luxe que lui-même ignorait, il était heureux, mais le Dunlopillo ou la commode ancienne n'avaient pas d'autre intérêt pour lui que de certifier ma réussite. Souvent, pour abréger: «Vous avez bien raison de profiter.»

Je ne restais jamais assez longtemps. Il me confiait une bouteille de cognac pour mon mari. «Mais oui, ce sera pour une autre fois.» Fierté de ne rien laisser paraître, *dans la poche avec le mouchoir par-dessus.*

Le premier supermarché est apparu à Y ..., attirant la clientèle ouvrière de partout, on pouvait enfin faire ses courses sans rien demander à personne. Mais on dérangeait toujours le petit épicier du coin pour le paquet de café oublié en ville, le lait cru et les malabars* avant d'aller à l'école. Il a commencé d'envisager la vente de leur commerce. Ils s'installeraient dans une maison adjacente qu'ils avaient dû acheter autrefois en même temps que le fonds, deux pièces cuisine, un cellier. Il emporterait du bon vin et des conserves. Il élèverait quelques poules pour les œufs frais. Ils viendraient nous voir en Haute-Savoie. Déjà, il avait la satisfaction d'avoir droit, à soixante-cinq ans, à la sécurité sociale. Quand il revenait de la pharmacie, il s'asseyait à la table et collait les vignettes avec bonheur.

Il aimait de plus en plus la vie.

Plusieurs mois se sont passés depuis le moment où j'ai commencé ce récit, en novembre.* J'ai mis beaucoup de temps parce qu'il ne m'était pas aussi facile de ramener au jour des faits oubliés que d'inventer. La mémoire résiste. Je ne pouvais pas compter sur la réminiscence, dans le grincement de la sonnette d'un vieux magasin, l'odeur de melon trop mûr, je ne retrouve que moi-même, et mes étés de vacances, à Y . . . La couleur du ciel, les reflets des peupliers dans l'Oise toute proche,* n'avaient rien à m'apprendre. C'est dans la manière dont les gens s'assoient et s'ennuient dans les salles d'attente, interpellent leurs enfants, font au revoir sur les quais de gare que j'ai cherché la figure de mon père. J'ai retrouvé dans des êtres anonymes rencontrés n'importe où, porteurs à leur insu des signes de force ou d'humiliation, la réalité oubliée de sa condition.*

Il n'y a pas eu de printemps, j'avais l'impression d'être enfermée dans un temps invariable depuis novembre, frais et pluvieux, à peine plus froid au cœur de l'hiver. Je ne pensais pas à la fin de mon livre. Maintenant je sais qu'elle approche. La chaleur est arrivée début juin. A l'odeur du matin, on est sûr qu'il fera beau. Bientôt je n'aurai plus rien à écrire. Je voudrais retarder les dernières pages, qu'elles soient toujours devant moi. Mais il n'est même plus possible de revenir trop loin en arrière, de retoucher ou d'ajouter des faits, ni même de me demander où était le bonheur. Je vais prendre un train* matinal et je n'arriverai que dans la soirée, comme d'habitude. Cette fois je leur amène leur petit-fils* de deux ans et demi.

Ma mère attendait à la barrière de sortie,* sa jaquette de tailleur enfilée par-dessus sa blouse blanche et un foulard sur ses cheveux qu'elle ne teint plus depuis mon mariage.* L'enfant, muet de fatigue et perdu, au bout de ce voyage interminable, s'est laissé embrasser et entraîner par la main. La chaleur était légèrement tombée. Ma mère marche toujours à pas courts et rapides. D'un seul coup, elle ralentissait en criant, «il y a des petites jambes avec nous, mais voyons!» Mon père nous attendait dans la cuisine. Il ne m'a pas paru vieilli. Ma mère a fait remarquer qu'il était allé la veille chez le coiffeur pour faire honneur à son petit garçon. Une scène brouillonne, avec des exclamations, des questions à l'enfant sans attendre la réponse, des reproches entre eux, de fatiguer ce pauvre petit bonhomme, le plaisir enfin. Ils ont cherché *de quel côté il était*.* Ma mère l'a emmené devant les bocaux de bonbons. Mon père, au jardin voir les fraises, puis les lapins et les canards. Ils s'emparaient complètement de leur petit-fils, décidant de tout à son propos, comme si j'étais restée une petite fille incapable de s'occuper d'un enfant. Accueillant avec doute les principes d'éducation que je croyais nécessaires, faire la sieste et pas de sucreries. On mangeait tous les quatre à la table contre la fenêtre, l'enfant sur mes genoux. Un beau soir calme, un moment qui ressemblait à un rachat.*

Mon ancienne chambre avait conservé la chaleur du jour. Ils avaient installé un petit lit à côté du mien pour le petit bonhomme. Je n'ai pas dormi avant deux heures, après avoir essayé de lire. A peine branché,* le fil de la lampe de chevet a noirci, avec des étincelles, l'ampoule s'est éteinte. Une lampe en forme de boule posée sur un socle de marbre avec un lapin de cuivre droit, les pattes repliées. Je l'avais trouvée très belle autrefois. Elle devait être abîmée depuis longtemps. On n'a jamais rien fait réparer à la maison, indifférence aux choses.

Maintenant, c'est un autre temps.

Je me suis réveillée tard. Dans la chambre voisine, ma mère parlait doucement à mon père. Elle m'a expliqué qu'il avait vomi à l'aube sans même avoir pu attendre de parvenir au seau de toilette. Elle supposait une indigestion avec des restes de volaille, la veille au midi. Il s'inquiétait surtout de savoir si elle avait nettoyé le sol et se plaignait d'avoir mal quelque part dans la poitrine. Sa voix m'a semblé changée. Quand le petit bonhomme s'est approché de lui, il n'en a pas fait cas, restant sans bouger, à plat dos.

Le docteur est monté directement à la chambre.* Ma mère était en train de servir. Elle l'a rejoint ensuite et ils sont redescendus tous les deux dans la cuisine. Au bas de l'escalier, le docteur a chuchoté qu'il fallait le transporter à l'Hôtel-Dieu de Rouen.* Ma mère s'est défaite. Depuis le début, elle me disait «il veut toujours manger ce qui ne lui réussit pas», et à mon père, en lui apportant de l'eau minérale, «tu le sais pourtant bien que tu es délicat du ventre». Elle froissait la serviette de table propre qui avait servi à l'auscultation, n'ayant pas l'air de comprendre, refusant la gravité d'un mal que nous n'avions pas, tout d'abord, vu. Le docteur s'est repris, on pouvait attendre ce soir pour décider, ce n'était peut-être qu'un coup de chaleur.

Je suis allée chercher les médicaments. La journée s'annonçait lourde. Le pharmacien m'a reconnue. A peine plus de voitures dans les rues qu'à ma dernière visite l'année d'avant. Tout était trop pareil ici pour moi depuis l'enfance pour que j'imagine mon père vraiment malade. J'ai acheté des légumes pour une ratatouille. Des clients se sont inquiétés de ne pas voir le patron, qu'il ne soit pas encore levé par ce beau temps. Ils trouvaient des explications simples à son malaise, avec comme preuves leurs propres sensations, «hier il faisait au moins 40 degrés dans les jardins, je serais tombé si j'y étais resté comme lui», ou, «avec cette chaleur on n'est pas bien, je n'ai rien mangé hier». Comme ma mère, ils avaient l'air de penser que mon père était malade pour avoir voulu désobéir à la nature et faire le jeune homme, il recevait sa punition mais il ne faudrait pas recommencer.

En passant près du lit, à l'heure de sa sieste, l'enfant a demandé: «Pourquoi il fait dodo, le monsieur?»

Ma mère montait toujours entre deux clients. A chaque coup de sonnette, je lui criais d'en bas comme autrefois «il y a du monde!» pour qu'elle descende servir. Il ne prenait que de l'eau, mais son état ne s'aggravait pas. Le soir, le docteur n'a plus reparlé d'hôpital.

Le lendemain, à chaque fois que ma mère ou moi lui

demandions comment il se sentait, il soupirait avec colère ou se plaignait de n'avoir pas mangé depuis deux jours. Le docteur n'avait pas plaisanté une seule fois, à son habitude, en disant: «C'est un pet de travers.»* Il me semble qu'en le voyant descendre, j'ai constamment attendu cela ou n'importe quelle autre boutade. Le soir, ma mère, les yeux baissés, a murmuré «je ne sais pas ce que ça va faire». Elle n'avait pas encore évoqué la mort possible de mon père. Depuis la veille, on prenait nos repas ensemble, on s'occupait de l'enfant, sans parler de sa maladie entre nous deux. J'ai répondu «on va voir». Vers l'âge de dix-huit ans, je l'ai parfois entendue me jeter, «s'il t'arrive un *malheur* . . . tu sais ce qu'il te reste à faire». Il n'était pas nécessaire de préciser quel malheur, sachant bien l'une et l'autre de quoi il s'agissait sans avoir jamais prononcé le mot, tomber enceinte.*

Dans la nuit de vendredi à samedi, la respiration de mon père est devenue profonde et déchirée. Puis un bouil-lonnement très fort, distinct de la respiration, continu, s'est fait entendre. C'était horrible parce qu'on ne savait pas si cela venait des poumons ou des intestins, comme si tout l'intérieur communiquait. Le docteur lui a fait une piqûre de calmants. Il s'est apaisé. Dans l'après-midi, j'ai rangé du linge repassé dans l'armoire. Par curiosité, j'ai sorti une pièce de coutil rose, la dépliant au bord du lit. Il s'est alors soulevé pour me regarder faire, me disant de sa voix nouvelle: «C'est pour retapisser ton matelas, ta mère a déjà refait celui-là.» Il a tiré sur la couverture de façon à me montrer le matelas. C'était la première fois depuis le début de son attaque qu'il s'intéressait à quelque chose autour de lui. En me rappelant ce moment, je crois que rien n'est encore perdu, mais ce sont des paroles pour montrer qu'il n'est pas très malade, alors que justement cet effort pour se raccrocher au monde signifie qu'il s'en éloignait.

Par la suite, il ne m'a plus parlé. Il avait toute sa con-science, se tournant pour les piqûres lorsque la sœur arrivait, répondant oui ou non aux questions de ma mère, s'il avait mal, ou soif. De temps en temps, il protestait, comme si la clef de la guérison était là, refusée par on ne sait qui, «si je pouvais manger, au moins». Il ne calculait plus depuis combien de jours il était à jeun. Ma mère répétait «un peu de diète ne fait pas de mal». L'enfant jouait dans le jardin. Je le surveillais en essayant de lire *Les Mandarins* de Simone de Beauvoir.* Je n'entrais pas dans ma lecture, à une certaine page de ce livre, épais, mon père ne vivrait plus. Les clients demandaient toujours des nouvelles. Ils auraient voulu savoir ce qu'il avait exactement, un infarctus ou une insolation, les réponses vagues de ma mère suscitaient de l'incrédulité, ils pensaient qu'on voulait leur cacher quelque chose. Pour nous, le nom n'avait plus d'importance.

Le dimanche matin, un marmottement chantant, entrecoupé de silences, m'a éveillée. L'extrême-onction du catéchisme. La chose la plus obscène qui soit, je me suis enfoncé la tête dans l'oreiller. Ma mère avait dû se lever tôt pour obtenir l'archiprêtre au sortir de sa première messe.

Plus tard, je suis montée près de lui à un moment où ma mère servait. Je l'ai trouvé assis au bord du lit, la tête penchée, fixant désespérément la chaise à côté du lit. Il tenait son verre vide au bout de son bras tendu. Sa main tremblait avec violence. Je n'ai pas compris tout de suite qu'il voulait reposer le verre sur la chaise. Pendant des secondes interminables, j'ai regardé la main. Son air de désespoir. Enfin, j'ai pris le verre et je l'ai recouché, ramenant ses jambes sur le lit. «Je peux faire cela» ou «Je suis donc bien grande que je fais cela». J'ai osé le regarder vraiment. Sa figure n'offrait plus qu'un rapport lointain avec celle qu'il avait toujours eue pour moi. Autour du dentier – il avait refusé de l'enlever – ses lèvres se retroussaient au-dessus des gencives. Devenu un de ces vieillards alités de l'hospice devant les lits desquels la directrice de l'école religieuse nous faisait brailler des Noëls. Pourtant, même dans cet état, il me semblait qu'il pouvait vivre encore longtemps.

A midi et demi, j'ai couché l'enfant. Il n'avait pas

sommeil et sautait sur son lit à ressorts de toutes ses forces. Mon père respirait difficilement, les yeux grands ouverts. Ma mère a fermé le café et l'épicerie, comme tous les dimanches, vers une heure. Elle est remontée près de lui. Pendant que je faisais la vaisselle, mon oncle et ma tante sont arrivés. Après avoir vu mon père, ils se sont installés dans la cuisine. Je leur ai servi du café. J'ai entendu ma mère marcher lentement au-dessus, commencer à descendre. J'ai cru, malgré son pas lent, inhabituel, qu'elle venait boire son café. Juste au tournant de l'escalier, elle a dit doucement: «C'est fini.»*

Le commerce n'existe plus.* C'est une maison particulière, avec des rideaux de tergal aux anciennes devantures. Le fonds s'est éteint avec le départ de ma mère qui vit dans un studio à proximité du centre. Elle a fait poser un beau monument de marbre sur la tombe. A . . . D . . . 1899–1967.* Sobre, et ne demande pas d'entretien.

J'ai fini de mettre au jour l'héritage* que j'ai dû déposer au seuil du monde bourgeois et cultivé quand j'y suis entrée.

Un dimanche* après la messe, j'avais douze ans, avec mon père j'ai monté le grand escalier de la mairie. On a cherché la porte de la bibliothèque municipale. Jamais nous n'y étions allés. Je m'en faisais une fête. On n'entendait aucun bruit derrière la porte. Mon père l'a poussée, toutefois. C'était silencieux, plus encore qu'à l'église, le parquet craquait et surtout cette odeur étrange, vieille. Deux hommes nous regardaient venir depuis un comptoir très haut barrant l'accès aux rayons. Mon père m'a laissé demander: «On voudrait emprunter des livres.» L'un des hommes aussitôt: «Qu'est-ce que vous voulez comme livres?» A la maison, on n'avait pas pensé qu'il fallait savoir d'avance ce qu'on voulait, être capable de citer des titres aussi facilement que des marques de biscuits. On a choisi à notre place, *Colomba* pour moi, un roman *léger* de Maupassant pour mon père.* Nous ne sommes pas retournés à la bibliothèque. C'est ma mère qui a dû rendre les livres, peut-être, avec du retard.

Il me conduisait de la maison à l'école sur son vélo. Passeur entre deux rives,* sous la pluie et le soleil.

Peut-être sa plus grande fierté, ou même, la justification de son existence: que j'appartienne au monde qui l'avait dédaigné.

Il chantait: *C'est l'aviron qui nous mène en rond.**

Je me souviens d'un titre *L'Expérience des limites.** Mon découragement en lisant le début, il n'y était question que de métaphysique et de littérature.

Tout le temps que j'ai écrit, je corrigeais aussi des devoirs, je fournissais des modèles de dissertation, parce que je suis payée pour cela. Ce jeu des idées me causait la même impression que le *luxe*, sentiment d'irréalité, envie de pleurer.

Au mois d'octobre l'année dernière,* j'ai reconnu, dans

la caissière de la file où j'attendais avec mon caddie, une ancienne élève. C'est-à-dire que je me suis souvenue qu'elle avait été mon élève cinq ou six ans plus tôt. Je ne savais plus son nom, ni dans quelle classe je l'avais eue. Pour dire quelque chose, quand mon tour est arrivé, je lui ai demandé: «Vous allez bien? Vous vous plaisez ici?» Elle a répondu oui oui. Puis après avoir enregistré des boîtes de conserve et des boissons, avec gêne: «Le C.E.T., ça n'a pas marché.» Elle semblait penser que j'avais encore en mémoire son orientation. Mais j'avais oublié pourquoi elle avait été envoyée en C.E.T., et dans quelle branche. Je lui ai dit «au revoir». Elle prenait déjà les courses suivantes de la main gauche et tapait sans regarder de la main droite.

novembre 1982-juin 1983

NOTES TO THE TEXT

Page
49   **Epigraph:** see Annie Ernaux's own remarks in the
      Appendix.
51   **Capes:** 'Certificat d'aptitude au professorat de
      l'enseignement supérieur du second degré', teachers'
      training certificate. After obtaining their 'licence' (ès
      sciences, ès lettres – the equivalent of B.A., B.Sc.),
      prospective teachers take a one-year course ('l'année
      du Capes'). The examination is competitive and very
      tough, with a 1 in 12 to 15 pass rate, for example, in
      Lettres Modernes. It is made up of a number of written
      papers (depending on the subject) and an oral presenta-
      tion in front of a panel of examiners ('un jury'). It is
      followed by a probationary year called the *Capes
      pratique* culminating in the model lesson we witness in
      this first scene. A certified teacher, at any level, is said
      to be 'certifié'. 'Titularisé' means that he/she holds a
      professional   qualification – 'titulaire   du   Capes –
      hence 'titularisation'.
52   Passages, here and elsewhere, are separated by large
      blanks, even within episodes. The effect of this is to
      reduce events and reflections to brief fragments. This
      technique also points to the impressionistic, somewhat
      disjointed nature of the main character's experience,

which is not part of a coherent story as might be the
case in Balzac or Maupassant.

52   **Mon père est mort:** *Ce qu'ils disent ou rien* offers a
      different view of the daughter's attitude to such events:
      'j'ai peur quand ils sont malades, ils changent de vis-
      age, c'est comme s'ils étaient fous. Mon dieu faites que
      mes parents vivent jusqu'à ce que je sois mariée, que
      j'ai deux enfants, ce serait moins triste' (pp. 42–3).

      Y . . .: this is a long-standing device, but it is not real-
      istic: towns do not have names like that anywhere in the
      world. When a place name is not spelled out in a novel,
      a specific effect results: the author may suppress the
      name because he or she cannot bear to think specif-
      ically of that place; for the reader, however, the impli-
      cation is that, because of the town's semi-anonymity,
      the events and emotions described become more uni-
      versal. They are not by implication restricted to any one
      place. The same is true of characters: anonymous ones
      appear to be more typical than precisely named ones.

      se tamponnait . . .: the unpleasant and embarrassing
      detail in the episode of the father's death has great
      point and purpose: it underlines the painful nature of
      the experience and stresses that the narrator is anxious
      to describe things with a minimum of cultural gloss or
      elegant style.

      C'est fini: see p. 102.

53   **'Cache ta misère . . . Il est plus gentil comme ça':** the
      use of popular and regional speech serves a specific
      purpose throughout this novel: it offsets the middle-
      class language which the narrator has acquired and
      points to the growing contrast between her position in
      society and the 'place' of her parents, the difference
      between her instincts and what she has learned. See
      p. 58: 'L'écriture plate me vient naturellement', etc.

55   **fermé pour une heure:** yet another class detail – prof-
      its in working-class shops are so low that even for

Page

important events like funerals they cannot stay closed any longer than is strictly necessary.

Plus que jamais [mon mari] a paru déplacé ici: the awareness of class and cultural differences is achieved in this work not through abstract thought but directly through 'physical' situations. This is the way literature 'thinks about' experience.

On a dormi dans le seul lit à deux places, celui où mon père etait mort: symbolically, and with strong sexual implications, the husband replaces the father. This compares interestingly with 'ma mère a éclaté en sanglots, comme le jour de mon mariage, à la messe' (p. 56). The most overt expression of loss creates an ironical link between funeral and marriage.

56 **livret de famille:** an official document which each family possesses. It contains especially details of births, deaths and marriages.

57 **école normale d'institutrices:** see note to p. 91.

voyageurs de première: this contrasts with the short holidays and the parents' permanently open café. See p. 65, *their* constant fear: '*retomber ouvriers*'.

Par la suite, j'ai commencé un roman . . .: the work is not just about a particular experience; it is very importantly about the way that experience is narrated and thought about.

Depuis peu, je sais que le roman est impossible: Cf. Hoggart:

difficulties of definition are less troublesome than are those of avoiding the romanticisms which tempt anyone who discusses 'the workers' or 'the common people'. . . . We should avoid the impression of a sense of heroism in the people who actually live this kind of life. (*The Uses of Literacy*, Harmondsworth, Penguin, 1957, pp. 337)

58   **L'histoire commence:** the sequence of events is strongly reorganized in this text. Situations are highlighted by taking them out of their chronological sequence: the opening scene is a case in point. The social history of twentieth-century France becomes significant only when the narrator's own experience has been pinpointed.

       pays de Caux: in Normandy, between Rouen and the sea.

       se louaient: italicized words, here and elsewhere, build up a whole vocabulary of family and working-class speech and psychology. See pp. 72, 95, etc. See also my remarks on 'notes de régie', p. 23.

       mon père: note the unobtrusive way in which the main character's experience is introduced. Such a device deprives him of any heroic stature he might possess and shows him essentially as being representative of a social group.

59   **la semaine où les serviettes hygiéniques:** telling them whether the wife was pregnant or not. See below pp. 63, 100.

       faux cul: a bustle; the French is more explicit, but the term, here, is in no sense crude – cf. 'pet-de-nonne'.

60   **Proust . . . Mauriac:** these novelists are especially significant because they represent literature preoccupied with serious problems (class, art, religion) – see the visit to the library. This is the kind of middle-class literature the father was never able to read and which offers no idea of the primitive peasant conditions in which he grew up. Hence the reference to the Middle Ages which in many senses – before the First World War, the extension of rail transport and the media, and the (albeit fragile) establishment of universal literacy – could be taken quite literally.

       parvenaient au certificat: Certificat d'Etudes –primary-school leaving examination, normally taken at 13–14 years.

Page

61 **Le tour de la France par deux enfants, [Devoir et patrie – Livre d'instruction courante, Cours moyen]:** an immensely popular school-book in the form of an instructive novel. It was written at the end of the last century by G. Bruno and was still popular in the 1950s. The moral lessons it contains, samples of which are given (because they typify the mentality of a whole age), determined the attitudes of several generations of Frenchwomen and men (note the number of editions it ran to). The extracts contain sanctimonious attitudes to wealth and poverty which are barely relevant to the second half of the twentieth century – and thus point to the gap between the narrator's upbringing and that of her father.

62 **jusqu'au régiment:** military service, before the 1914–18 war, was compulsory (as it still is) and lasted seven years. See also p. 63.

La viande a été changé. Ce n'est pas le Cuirassé Potemkine: reference to a Russian film by Eisenstein in which a historic pre-Revolutionary revolt on a battleship is sparked off by the scandalous quality of the food.

l'almanach Vermot: a collection of rather clumsy funny stories.

Ce serait facile de faire quelque chose dans ce genre: these are the narrator's words. They are critical and point to too facile an option. They stress yet again the important theme of writing in *La Place*. See p. 57: 'Par la suite j'ai commencé un roman', etc.

63 Many social changes and outside influences are implied or symbolized by these details: American fashions (the yoyo), the progressive loss of regional character ('on buvait du vin'), the increasing importance of city habits and standards ('Dans les bals'), the contrasts between town and country, the wider experience which came with military service and the First World War. These

facts underline the extent to which the novel is con-
cerned with a broad notion of social change and not
merely a narrowly individual one.

64   **ni syndicat ni politique:** after the First World War,
politics and trade-union activity became strongly
polarized: these were the years of the growth of the
communist trade unions, and of various extreme right-
wing groups ('les Croix-de-feu', etc., see note to p. 67)
which were to collaborate with the Germans during the
occupation of France (1940–5). The father is popular
with his employers because he is a 'good worker': he
avoids all forms of political activity or trouble making.
de haut: this detail strengthens the sense of class divisions which are at the centre of the novel.
col à manger de la tarte: a wing collar which looks like
a 'pelle à tarte'. The novel contains many period details
which underline the sense of time and social change, as
does the reference to Sarah Bernhardt (a famous late
nineteenth-century actress).

65   **ne pas s'oublier dans une femme:** the implication
being that the biggest threat to an ambitious working
man is too many children. The problems of only children are not mentioned.
prendre un commerce: the frequent use of telegraphic
style, normally made up of clichés, stresses the semi-
articulate and cliché-ridden nature of the parents'
experience as well as the narrator's fragmented recollections and her search for an unemotive style.
mise de fonds: the level of investment required.
retomber ouvriers: cf. Hoggart: 'cleanliness, thrift
and self-respect arise more from a concern not to drop
down, not to succumb to the environment, than from
an anxiety to go up' (*The Uses of Literacy*,
Harmondsworth, Penguin, 1957, p. 58).

66   **L. . ., à trente kilomètres du Havre:** no doubt
Lillebonne – such vagueness (which also extends to

Page

proper names) makes the narrator's experience much more universal. Cf. Y. . . .

Desgenetais . . . Boussac: respectively large regional and national textile manufacturers – a major traditional industry in northern France. The narrator describes typical after-school experience in the area.

Ils ont acheté le fonds à crédit: *La Femme gelée,* offers a view of similar details:

> Le mien de père ne s'en va pas le matin, ni l'après-midi ni jamais. Il reste à la maison. Il sert au café et à l'alimentation, il fait la vaisselle, la cuisine, les épluchages. Lui et ma mère vivent ensemble dans le même mouvement. . . . Les mêmes connaissances, les mêmes soucis, ce tiroir-caisse qu'il vide chaque soir, elle le regarde compter, ils disent, lui ou elle, 'c'est pas gras', d'autres fois, 'on a bien fait'. (pp. 16–17)

See too *Ce qu'ils disent ou rien*, pp. 26–7.

la moins pire: a popular, highly 'ungrammatical' phrase. The different levels of language in this text characterize different social groups and sub-groups.

67   **la Coop, [le] Familistère:** major grocery stores dating from pre-supermarket, pre-war days. Such references firmly situate experience in an identifiable period.

Croix-de-Feu: an extreme right-wing organization made up of First World War veterans, much given to violent action. Contrasts here with 'rouges'. The father is so non-political that he does not even belong to a trade union. Tradespeople have to be acceptable to all their customers. See note to p. 64.

68   **36:** 1936 – the date of the Front Populaire, an important symbolic moment in recent French politics, when major social reforms, including a fortnight's paid holiday a year (*les congés payés*), were achieved, and when

working-class movements realized, albeit briefly, how
powerful they could be.

69   **J'écris lentement:** the narrator's difficulties may be
compared with the experiences recounted elsewhere:

> Je sentais qu'il y avait quelque chose à écrire,
> contenu dans cette chambre, lié à ce décor, à ma vie
> connue, et les oiseaux qui fêtaient la pluie, et ces
> désirs. Comment faire, décrire la ville, le quartier,
> et puis moi, après, plus rien, nous ne sommes pas
> des personnages de roman, c'est assez visible et il ne
> m'arrive rien. . . . J'ai essayé malgré tout, et à la
> troisième personne, il me semblait que c'était plus
> tranquille, au cas où j'aurais eu des trucs délicats à
> dire. (*Ce qu'ils disent ou rien*, pp. 67–8)

du piège de l'individuel: the novel is about both a
specific experience and the problems of writing about it
– the inadequacy of language in recreating experience.
The problem which faces all writers is that a great deal
of experience is not verbal. Details must be chosen,
others left out. All statements are biased – especially if
they are given artificial coherence ('la trame significative'). Hence the narrator's deliberately disjointed
style, the importance attached to the workings of
memory and the rejection of all sentimentality – see
p. 69 'le plaisir d'une complicité que je refuse'.

70   **il est parti à bicyclette:** this refers to the French defeat
by the Germans in 1940 when large numbers of the
population tried vainly to flee south from the
advancing armies.

Pont-Audemer: half-way between Lisieux and Rouen.

Lisieux: east of Caen. An important pilgrimage centre
dedicated since the end of the nineteenth century to
Sainte Thérèse; hence the basilica and 'ils croyaient
être protégés'.

Page

71 **ces années-là:** the narrator stresses the 'survival' aspects of the Second World War: the parents' business and the population's real preoccupations. These details also bring out positive aspects of the father's character.

72 **La vie d'ouvrier de mon père:** this underlines the fact that social progress and change of class are common to all characters in the story – and not merely to the narrator.

   Longtemps le centre est resté en ruine: the narrator uses major political events to contextualize her story, and points to the specific impact of major political events on her characters.

73 **Clientèle du dimanche:** clearly different from the weekday customers. The narrator here is pointing to the classic ways in which the café fits into French working-class life.

   poussant la romance. . . . rincettes et surincettes: the inmates of the local old people's home are merry and tuneful – they sober up in one of the outhouses.

   assommoir: from *assommer*, a boozer, where the drink knocks you out. Cfs. Zola's novel of the same name. The term is not at all common nowadays. The narrator's distinctive use of this rare word shows that, in spite of her efforts, her vision is coloured by literary culture.

   Voie étroite . . . l'accompagne: the narrator is stressing the difficulties involved in writing a story which aims to recreate a social world without sneering at its values.

74 **4 CV:** A Renault Quatre-Chevaux, so named because it was rated at four horse-power for tax purposes; a cheap, small, low-powered (750cc) Renault car, produced in vast numbers in the early post-war years. The French equivalent of the Volkswagen or the Morris Minor. Still occasionally to be seen, but very much the symbol of that particular period.

Page

  les trois-huit des raffineries: reference to shift work (trois fois huit heures).

  les rats de la Vallée: the millgirls at L. . . – see note to p. 66.

75 The change in decor symbolizes social values rejected and those which are sought after.

76 For the lists of expressions attitudes and habits which the narrator gives, cf. Hoggart:

> Surveys of working class life . . . convey the complex and claustrophobic impression which [it] makes on the observer . . . [that] of being immersed in an endless forest, full of the most minute detail, all of it different and yet all of it similar . . . we have to see beyond the habits to what habits stand for . . . to detect the differing pressure of emotion behind idiomatic phrases and ritualistic observances. (*The Uses of Literacy*, Harmondsworth, Penguin, 1957, p. 6).

  'il ne faut pas péter plus haut qu'on l'a': 'i.e. 'son cul'. Once again the problem of one's station in life, here expressed in popular terms.

  Bourvil: comic film actor. Some of his best-known films are: *La Vache et le prisonnier, La Traversée de Paris, La Grande Vadrouille*. His typical roles, significantly for this story, were naïve, often peasant heroes, out of their depth in middle-class contexts.

  Bécassine: a Breton folk heroine with cartoon looks who figures in a large number of children's books. Bécassine is used in French to describe a girl who is naïve to the point of silliness: hence 'Quelle Bécassine!' . . . 'elle est un peu Bécassine'. But how many modern readers (including the more well-educated characters) know what *idem* means? Which is perhaps the point of the anecdote.

Page

77   **Proust:** author of *A la recherche du temps perdu* (1909–1922). An important character in this long novel is Françoise. The narrator's attitude here to language is not aesthetic but related exclusively to class differences.

78   **sente:** 'péter de santé'. 'Péter' is less vulgar in French than its English equivalent.

faire évoluée: a key expression in the novel: the characters' 'linguistic' problems neatly extend those of the narrator: language is a central problem both in writing and in social relations. One might stress the importance of the mother – class mobility comes much more from the mother than the father: new fashions; fonds de commerce (pp. 66, 71, 72), etc. 'C'était une femme qui pouvait aller partout. . .franchir les barrières sociales' – nevertheless she keeps the morality of her origins (p. 64) and is half out of date even when young – she looks like Sarah Bernhardt.

79   **le pont de Tancarville:** 29 km from Le Havre, a massive toll bridge (built in the early post-war period) which links Normandy north of the Seine to the motorway network ('autoroute de l'ouest').

Bouglione: a well-known continental circus.

Tati: Jacques Tati, film actor (died 1984), well known for his gentle satire of modern life. His best-known films include *Les Vacances de Monsieur Hulot, Mon oncle, Playtime* and *Trafic.*

René Clair: film director (died 1981), active for over half a century. Amongst his most famous films are *Le Jour se lève, Le Million, Sous les toits de Paris, Les Grandes Manoeuvres.* As elsewhere, the main character's experience belongs to the past, just like that of her parents. She cannot 'faire évoluée' either.

blockhaus: concrete defences built on the Channel coast by the Germans during their occupation of France (1940–5).

80   **C'est un homme de la campagne:** stresses the mother's
      social pretensions (see comes from the town), and the
      gap she has set up between herself and her origins.
      Opinel: a well-known make of clasp-knife.

81   **il a mangé de la soupe le matin:** a peasant habit.
      le dégoûtaient: the narrator is using these concrete
      details to present a picture of her father which is not
      based on pyschology but rather on actual habits. The
      constant problem is in knowing to what extent such a
      portrait may reach beyond a mere list of class traits.
      CM2: 'Cours Moyen deuxième année'. Final pri-
      mary-school class. Pupils in this class are about 10
      years old. After it, they go on to secondary school,
      where the lowest form is called 'sixième'.

82   **Vedette . . . DS . . . CX:** see above, p. 113, the refer-
      ence to a 4CV. Three recent models of cars are men-
      tioned here, the first by Simca, the last two by Citroën.
      They stand, like Jaguars, as a symbol of financial suc-
      cess. The first DS came out in the mid-1950s and the
      model was used by government ministers until quite
      recently when it was replaced by CXs. The narrator
      uses makes of cars as markers of changing social situa-
      tions and values.
      Sans aucune importance: For the parents' aggressive
      speech habits see Hoggart:

> working-class speech and manners in conversation
> are more abrupt, less provided with emollient
> phrases than those of other groups; their arguments
> are often conducted in so rude a way that a stranger
> might well think that after this, fighting would fol-
> low, and at best a permanent ending of relations.
> (*The Uses of Literacy*, Harmondsworth, Penguin,
> 1957, p. 66).

l'extrême gentillesse: *Les Armoires vides*, pp. 61–2,
gives another view of a working-class narrator's attitude to middle-class friends:

Page

> Je me sentais lourde, poisseuse, face à leur aisance, à leur facilité, les filles de l'école libre. J'enlevais le gros gilet de laine que ma mère m'avait fait enfiler en plein mois d'avril. Je croyais sortir de ma lourdeur, de ma grossièreté, je n'étais pas Jeanne pour autant. Il me manquait tout le reste, flottant autour d'elle, la grâce, le truc invisible . . . . Mais je ne faisais pas le rapport. Je croyais que sa légèreté, ses moqueries alertes, étaient de purs dons.

83   **Puis je me suis aperçue . . . déchiffrement:** the book is in one important sense about the ability of language to define reality. The narrator's decision to define her father's personality through gesture and habit, and her problems, as here, with middle-class discourse reveal two aspects of the problem.
pose des colles: ask awkward, technical questions, in revision for example. Cf. 'se faire coller/coller' – to fail an exam.
Laputa: this reference, significantly, would not have been understandable to her father.

84   **Souvent, sérieux:** this telegraphic style is another attempt at stopping language getting in the way of reality.
composition . . . examen: the two terms distinguish between school and public examinations (e.g. BEPC, baccalauréat). Public examinations, like university ones, have changed a great deal with successive governments. The student demonstrations in December 1986 show that this is likely to continue.
magasins . . . reconstruits: after the massive destruction which took place in France after the Normandy landings in 1944–5.
Poujade: right-wing politician who defended small businesses. He founded the Union de défense des commerçants et artisans de France (UDCA,

'mouvement Poujade' or 'poujadiste'). He had a large following especially in the mid-1950s.

85   **plaisanteries rodées:** more specifically, the ones quoted are catch-phrases.

  les Buissonnets . . . Trouville-Deauville: holiday towns on the Normandy coast, near Lisieux, on the opposite side of the Seine estuary from Le Havre.

86   **Je travaillais mes cours:** *La Femme gelée*, p. 96, offers a much more feminist view of a narrator's education:

> Je lis. Sartre, Camus, naturellement. Comme les problèmes de robes et de rancarts foirés me paraissent mesquins. Lectures libératrices qui m'éloignent définitivement du feuilleton et roman pour femmes. . . . Que faire de sa vie, la question n'a pas de sexe, la réponse non plus. . . . je le crois naïvement l'année du bac.

Both *Ce qu'ils disent ou rien* and *Les Armoires vides* are novels about the process of feminine conditioning.

J'émigre . . .: This is an important passage in the novel. Social mobility is often associated with geographical mobility. This is true of the daughter as it had been of her parents.

Luis Mariano: a sentimental musical-comedy singer.

Marie-Anne Desmarets, Daniel Gray: writers of Mills and Boon-type novelettes. The narrator is not necessarily wrong. Cf. Hoggart:

> Most mass-entertainments are in the end what D.H. Lawrence described as 'anti-life'. They are full of corrupt brightness, of improper appeals and moral evasions . . . a view of the world in which progress is conceived as a seeking of material possessions, equality as moral levelling and freedom as the ground for endless irresponsible pleasure. (*The Uses*

Page

of *Literacy*, Harmondsworth, Penguin, 1957, p. 282).

Henri de Régnier: a late nineteenth-century poet. He will be quoted later in a middle-class context. Now very much out of date, which is understandable given the pompous silliness of this quotation.

les cours: *Ce qu'ils disent ou rien*, p. 147, offers a different view of school:

> Ce défilé de profs pétulants, toujours, au début, m'a étourdie. . . . Je n'ai jamais été à l'aise avec les profs, meme les plus aimables je me méfie, encore le premier jour on peut se faire minuscule, leurs yeux papillonnent sur tout le monde.

Les Armoires vides, pp. 57–8 etc., offers a different, more detailed view of school life. See too *La Femme gelée*, p. 57.

dirlo: slang for 'Directeur (de lycée)'.

Et toujours la peur OU PEUT-ÊTRE LE DÉSIR . . . : because of the realization that success will separate her from him.

87 **ne pas prendre un ouvrier:** as a husband.

ma mère: except at the beginning and end of the account, the mother is given significantly little attention. This underlines the father's central importance.

rue du Gros-Horloge: main street in Rouen, with expensive shops and medieval buildings, now a pedestrian precinct.

88 **Paris-Normandie:** important regional newspaper for northern France, now extinct. This brief scene clearly distinguishes the father from his daughter.

philo: former name for what used to be the élite final-year class (arts stream) at secondary school, in which, traditionally, philosophy was taught. Baccalauréat stream courses are now prefixed by a letter. 'C' (maths)

is now the most sought after. The arts stream (literature
and languages) is 'A' or 'B', depending on subject com-
binations. Final-year classes at school are called
'Terminale A', 'Terminale C', etc.

**J'écris peut-être parce qu'on n'avait plus rien à se
dire:** this is what the previous paragraph implies. See
the initial quotation from Genet. *La Place* is essentially
a novel about communication between individuals and
the way in which education and promotion may isolate
people and groups from each other. Ironically, the text
which the narrator produces would most probably have
been equally inaccessible to her father.

89   **Le quartier s'est prolétarisé:** this element strengthens the general themes of the novel: the development
and diversification of the working classes, and working-class living conditions after the narrator's parents
have settled into a fixed pattern of life.

familles nombreuses: a traditionally favoured section
of French society (since the mass carnage of the First
World War). They are entitled to high family allow-
ances, cheap transport and priority housing. See Chris-
tiane Rochefort's novel *Les petits enfants du siècle*,
which tells of the working-class life of a bright girl who,
in spite of her efforts, cannot ultimately escape the
poverty trap into which she was born.

d'une H.L.M.: (generally masculine) 'habitations à
loyer modéré – low-rent council flats built on a large
scale in the 1950s and 1960s.

**Je ne me sentais plus le droit d'entrer à l'Univer-
sité:** one of the novel's themes is class betrayal by
the rising generation. To go to university, which effectively cuts a son or a daughter from his or her roots,
may be seen as one form of betrayal. It is significant
that this conclusion comes from a physical impression
rather than any abstract reasoning. The daughter feels

Page

she has no right to go to university when her father is
tied to his shop.

90 **sécurité sociale:** the French equivalent of the national
health service. Not as generous as the British version.
The patient pays and then applies for a refund, which is
normally about 75 per cent. Prescriptions are reim-
bursed by putting the small stickers (*vignettes*) found
on the medicine packets on to the repayment applica-
tion form.

Plusieurs sens peut-être: perhaps implying his sexual
inadequacy.

91 **la guerre d'Algérie:** war of independence (1956–62).
Before the French colony gained independence after
the 1962 Evian talks and treaty, the extreme right
carried out a military take-over (April 1962), 'le putsch
des généraux', which lasted barely a weekend. Then,
killer groups (l'OAS: Organisation de l'Armée
Secrète) operating both in Algeria and metropolitan
France, organized a campaign of murder and intimi-
dation in an attempt to resist an outcome which was,
however, inevitable. They were no match for their main
opponent, de Gaulle, 'le grand Charles', President of
the Fifth Republic from 1959 to 1969.

école normale [d'instituteurs/d'institutrices]: four-
year training school (normally residential) for primary-
school teachers (cf. p. 51 Capes); trainee teachers are
called 'élève-maîtresses' or 'élèves-maîtres'. At the
time of the narrative, they began their training at 15,
did their baccalaureat ('A' levels) and then had one
year's teacher training. At present future teachers pass
their baccalauréat, study for two years at University
(obtaining a *Diplôme d'études universitaires géné-
rales* – Deug) and only then spend two years at an
Ecole Normale d'Instituteurs. Afterwards they may
complete their degree (by doing the third year, 'année
de licence').

Granville: at the base of the Cherbourg peninsula – a long way for a day trip. The parents' world is normally much more restricted, and this is expressed geographically, as well as in other ways. Neither Paris nor Le Havre play any part in the novel. The only major town is Rouen, the local préfecture.

92   **Lettres modernes:** a degree course ('cours de licence') which includes French and a modern language.

boursière: grants for study are hard to come by in France. They are usually available only to university students who belong to working-class 'familles nombreuses' or to students committed subsequently to working for the state in institutions like the 'Grandes Ecoles' ('Polytechnique', 'l'Ecole Nationale d'Administration', 'l'Ecole Normale Supérieure', etc.), 'Ecoles Normales d'Instituteurs/Institutrices', or students working for the Capes, which is the case of the narrator.

93   **opaque:** the parents' stereotyped ('idéale') and deferential view of the isolationism and secretiveness which in their view typifies the middle classes.

mes amies: the way in which the narrator's family receives her friends and the way in which she herself is received mark a further stage in the novel's plot as well as a reinforcement of its central theme. Like so many other elements it is both syntagmatic (concerning the plot) and paradigmatic (relating to themes, etc.).

comme ça va-ti: popular attempt at the formal, 'correct' 'comment cela va-t-il?' which no one uses. The normal form is, of course, 'comment ça va?'

94   **de ses mains:** this stresses the difference between two cultures, one mechanical, the other essentially intellectual. Ironically, the father thinks that he can make contact with his future son-in-law by showing him what he has built.

Page

Au repas . . . les plats: it is striking that the narrator's engagement and marriage are told exclusively from the father's point of view. The narrator's sexual experience here as elsewhere is barely touched on. This is very different from Annie Ernaux's other novels: *Les Armoires vides* and *La Femme gelée* are very largely centred on adolescent sexual preoccupations.

tout . . . est très bien: in *La Place* the narrator distances herself from events – her preoccupation is with her father's experience – not directly, but as seen through her eyes. Which means that we do not really know whether what she says about him is accurate.

certaine qu'il ne s'amusait pas: this is ambiguous – the narrator could be wrong.

95 **une ville touristique des Alpes:** the links with other works by Annie Ernaux suggest that this might be Annecy. See *La Femme gelée*.

The social habits and tastes described here and in subsequent pages (types of wallpaper, radio programmes, etc.) are both middle class for the period (the 1960s) and old-fashioned for present-day readers. See below: the reference to aftershave. The working-class reaction would no longer be 'je vais sentir la cocotte!' – which shows how constant the process of social change is and how old-fashioned the narrator has herself become by the time she starts writing. The way she tells the story of her father is, on the other hand, very modern.

Note the expressions 'bourgeoisie à diplômes', 'constamment "ironique" ', 'conversation spirituelle' – and the way this contrasts with the idea of 'braves gens'.

une conversation spirituelle: cf. 'les discours ne sont pas seulement . . . des signes destinés à être compris . . . ce sont aussi des signes de richesse destinés à être évalués . . . et des signes d'autorité, destinés à être crus et obéis.' They are forms of 'domination symbolique' (P. Bourdieu 1982) *Ce que parler veut dire*, Paris, Fayard, pp. 60, 68.

> Les discours savants peuvent tenir leur efficacité de la correspondance cachée entre la structure de l'espace social dans lequel ils sont produits, champ politique, champ religieux, champ artistique [etc.] et la structure du champ des classes sociales dans laquelle les récepteurs sont situés et par rapport à laquelle ils interprètent le message. (ibid., p. 19).

Vers de Sully Prud'homme: this late nineteenth-century poem is called 'Le vase brisé'. Literary culture as an everyday way of describing one's own experience is much more characteristic of middle-class than of working-class behaviour. But it is as cliché-ridden, and therefore as 'unreal', as the stereotypes of working-class culture.

des corps glorieux: 'corps des bienheureux après la Résurrection' – washed of all their defects (*Petit Robert*).

«a» pour «elle»: this pronunciation is peculiar to Normandy.

Je me sentais séparée de moi-même: a good example of alienation, the strong feeling of fragmented, divided and contradictory personality. The end-product of the narrator's experience: she belongs neither to her original class nor to the new one she has entered by marriage and education. The parents are alienated too from their family origins. Hence the intermittent hostility of their relations.

96   **malabars:** bubble-gum.

97   This break in the text stresses the central experience and theme of memory and writing. With the present tense in the following paragraph ('Je vais prendre un train', etc.), it shows that the father's death intervenes whilst the story is being written. The relationship between the

Page

time of action and the time of writing is complex, adding to the sense of direct, 'natural' experience. This passage (and the writing of this passage) takes place before the events described at the beginning. See p. 102 and my Introduction, p. 29.

l'Oise toute proche: most references in the novel are to La Basse Normandie, between Rouen and the Channel coast. This allusion to a river which joins the Seine much further east, at Conflans-Sainte-Honorine, dislocates true geography and has the effect of fictionalizing, and therefore generalizing, the experience.

la réalité oubliée de sa condition: this stresses the father's role in the book as a class type.

Je vais prendre un train: the chronology of the story is disrupted here. One effect of this sudden future is to block off the final episode.

je leur amène leur petit-fils: very little is said about the narrator's child. This contrasts with, say, *La Femme gelée*, pp. 144–5, where much angry detail is devoted to his birth and upbringing:

c'est un garçon. L'éclair d'un petit lapin décarpillé, un cri. Souvent après, je me suis repassé le film, j'ai cherché le sens de ce moment. Je souffrais, j'étais seule et brutalement ce petit lapin, le cri, tellement inimaginable une minute avant. . . . Restait l'élevage. Pouponner, disaient-elles, la logeuse, ma belle-mère. Gracieux, pouponner, joujou, risette dodo enfant do. Trop énorme pour y croire. Je découvre la journée rythmée par six change et six biberons, la bonne volonté n'y a rien fait, mon lait a séché en dix jours.

And so on. A different approach is found in *Les Armoires vides*, centred on the story of an abortion.

Ma mère attendait à la barrière de sortie: *Les Armoires vides*, p. 110, gives a different view of things:

Page

> J'ai toujours horreur d'aller les voir. Ça commence
> sitôt que je descends du train . . . Pendant des
> années, j'ai rêvé qu'ils déménageraient, qu'ils
> iraient travailler je ne sais où, à l'usine, j'aurais pré-
> féré. Tous les cartons entassés devant la porte,
> c'est à l'odeur que je reconnais ce qu'il y a eu dedans,
> huile, lessive, sucre, infaillible.

See too *La Femme gelée*, p. 17.

elle ne teint plus: the mother stops dyeing her hair
when the narrator gets married. She then automatically
assumes her 'sexless' role of grandmother.

98   **Ils ont cherché de quel côté il était:** this indicates a
desire to maintain family links, to fight against the break
un moment qui ressemblait à un rachat: an important
point; the family returns to some kind of unity, but
only briefly.

à peine branché . . . : signs of change, decay and the
passage of time are given very economically. Note that
the narrator's tastes have changed too.

99   **Le docteur est monté:** the theme of doctors is present in
other novels by Annie Ernaux:

> Il est venu le soir, ce vieux singe à roulettes de
> Louvel, le docteur. Il me fait peur maintenant, il
> m'agaçait seulement. Il roule en 2 CV, pas fier pour
> un rond, il paraît. Ce qui me dégoûtait déjà,
> c'était ce qui se passait entre lui, ma mère et
> moi. . . . Il s'adresse à mes parents sur un air de
> moquerie supérieure, et ils n'ont jamais eu l'air de
> s'en apercevoir. (*Ce qu'il disent ou rien*, pp. 43–4)

See too the 'avorteuse' in *Les Armoires vides*,
pp. 11–12, 57.
L'Hôtel-Dieu de Rouen: the main hospital. The Paris
hospital on the Ile de la Cité is also called l'Hôtel-
Dieu, recalling the religious orders which once worked
there.

Page

100 **C'est un pet de travers:** instead of telling the family exactly what was wrong, the doctor, a member of the privileged classes, normally uses the language of the social group he is dealing with. Such condescension disappears when the father's condition becomes serious.

tomber enceinte: the episode of the father's death, like earlier risks of pregnancy, reveals how difficult it is for the members of the family (the class?) to communicate directly and explicitly.

101 *Les Mandarins* **de Simone de Beauvoir:** a cult existentialist novel, published in 1954, which explores the moral and political dilemmas of the intelligentsia in post-war France. It is therefore a significant novel for the narrator to be reading at that time, especially given her background and the circumstances. By her choice of reading material, she effectively shows how far she wishes to distance herself from her parents' life and attitudes.

102 **C'est fini':** this brings us back to p. 52 and further stresses the story's circular construction.

Le commerce n'existe plus: Yet another sign of the impermanence of things and attitudes – and the way in which the same things can take on a totally new meaning and function.

A . . . D . . . 1899–1967: See the name of the town Y . . . – the father is not named either, with similar implications.

J'ai fini de mettre au jour l'héritage: this resumes one central theme in the novel. But not the only one: the changes in the parents' class attitudes, and their social/political context are also very important.

Un dimanche: this flashback and subsequent descriptions exemplify a typical aspect of the novel: the attempt to use precise examples to point, not so much to some general fact, but rather in a fragmented way to essential features in the attitudes and events described which could not be evoked in another way.

The choice of the two novels is significant: a harmless, early nineteenth-century classic for the daughter; a spicy tale, again by an Establishment writer, for the father. This lame search for some sort of cultural common ground is not repeated.

Passeur entre deux rives: the working-class/small shopkeeper father taking his daughter to high school ferries her like a boatman between two cultures. There is the hint here too of a Classical (and therefore middle-class) reference: to Charon who in Greek mythology ferried the dead to hell. This suggests the degree of cultural stunting thus inflicted on the daughter.

C'est l'aviron qui nous mène en rond: a traditional French song – perhaps less well known to post-war generations.

L'Expérience des limites: a work by Philippe Sollers.

The last few pages of the book crumble into a series of isolated fragments, and show the way in which the narrator's memory of her father functions. It piles up disjointed details in a (vain?) attempt to seize the whole personality. The tension between her origins and the new class to which she belongs is still present. The last paragraph of the novel points to the existence of other career patterns, and different kinds of failure within the same basic social framework, but evolving with the general evolution of society. This contrasts strongly with the *success story* narrated in the book's opening paragraphs. For children of a generation later than that of the narrator, 'les C.E.T.' ('Collèges d'Enseignement Technique') are generally seen as a trap which forces the children of manual-class parents into manual jobs. See Pascal Lainé's *L'Irrévolution*, Paris, Gallimard, 1977.

L'année dernière: the narrator's indifference to her pupil's fate is significant of the sense of individual isolation and continuing betrayal which runs through the whole of this work.